AI시대,
대한민국 청년을
다시 세우다

AI시대,
대한민국 청년을
다시 세우다

박형준 지음

SIGONGSA

왜 청년인가?

필자는 지난해 3월 《대한민국 재건을 위한 명령》이라는 제목으로 보수의 이념적 정책적 비전을 담은 작은 책자를 출간했었습니다. 그것은 계엄과 탄핵이라는 위기 상황을 맞은 보수가 어떤 모습으로 국민 앞에 다시 나서야 할 것인지를 모색하기 위한 고민의 결실이었습니다. 그 후 6월 3일, 대통령 선거가 있었고, 국민의힘은 대패했습니다. 새로 출범한 민주당 정권이 한편으로 압도적 의석과 내란 프레임을 앞세워 야당을 구석에 몰아넣고 다른 한편으로 삼권분립과 법치를 무너뜨리며 민주주의를 유린하고 있지만, 그들을 막을 보수 정치의 힘은 미약하기만 합니다. 무엇보다 국민의힘이 깊은 성찰과 쇄신을 통해 국민의 신뢰를 회복하고 새로운 모습을 보여야 하지만, 우리가 보고 있는 것은 국민의 깊은 한숨뿐입니다. 정치적 운신의 문제는 별론으로 하더라도 무엇보다 위기를 넘어서고 미래의 희망을 볼 수 있는 담론과 정책이 보이지 않는다는 점이 우리를 더욱 답답하게 합니다.

현실 정치에 몸담고 있고 행정가이기도 한 필자의 입장에서는 현장의 경험을 통해 보수 정치가 청년과 미래세대에 주목하지 않는 한 돌파구가 없다고 생각하고 있습니다. 86세대의 기득권이 강고한 가운데 청년 미래세대는 86세대와 다른 삶의 조건, 의식, 문화를 통해 그들 나름의 세대 정체성을 만들어가고 있습니다. 이것은 분명히 86세대의 그것과는 다릅니다. 그들은 또한 86세대의 이념적 편향과 비교해 볼 때 우리의 헌정 이념인 자유·민주·공화와 상대적으로 더 친화성을 지니고 있음을 보여줍니다.

이는 한국의 보수 정치가 60대 이상의 과거세대에 의존한다는 오래된 이미지에서 벗어날 수 있는 매우 좋은 기회입니다. 청년의 새로운 정치적 가능성을 포착하고, 이들과 호흡할 수 있는 담론과 정책으로 무장하지 않는 한 보수 정치의 퇴행은 막을 수가 없습니다. 당연히 진보좌파 정권의 폭주와 연성 독재화도 막을 수가 없고, 그들의 장기집권 계획을 허상으로 만들 수도 없습니다. 보수가 재건하려면 청년 속으로 들어가야 합니다. 그리고 그들을 새로운 정치의 주체로 삼아야 합니다. 청년을 새로운 기반이자 주체로 삼지 않는 한 보수 정치의 미래는 없습니다.

지금의 청년세대는 21세기의 첨단 과학기술문명의 축복 속에서 자라며 개인주의와 자유주의를 체득한 세대입니다. 기성세대가 보여주는 집단주의 문화를 이들은 싫어합니다. 권위주의적 줄 세우기에 대해서도 반발이 심합니다. 자유의 가치는 이들의 삶 깊숙이 뿌리내리고 있고, 이들의 정체성의 원천입니다. 그러면서도 이들은 혼자의 힘으로 세상을 돌파하기는 너무 어려운 외적 조건들 속에 놓여 있습니다. 자유는 확장되었는데 자신의 자유를 구가할 수 있는 조건을 구축하는 것은 결코 만만한 일이 아닙니다. 초경쟁 초과밀의 구조 속에서 이들이 받는 스트레스의 무게는 이전 세대를 넘어섭니다. 지금 청년세대들의 부모들은 기회가 폭발적으로 증가하는 시대에 살았지만, 이제 상승 기회의 문은 급속히 닫히고 있으며, 그 내부도 이미 만원입니다. 청년들 자신이 이런 현실을 가장 먼저 가장 잘 알고 있습니다. 대기업에 들어가는 것은 하늘의 별 따기이고 서울에서 내 집을 마련하는 것은 더 어려워졌습니다. 기회와 행복을 찾아 서울로 서울로 올라갔지만 기다리는 것은 좁은 기회와 상대적 박탈감입니다. 그래서 이들은 공정의 가치에 예민합니다. 이들과 함께 고민하고 이들과 함께 삶의 해법을 찾는 정치가 그래서 필요합니다. 만일 건강한 보수가 이를 해내지 못하면, 역사의 사례에서 여러 번 보았듯이 '너무 많은 자유'가 전체주의로 향하는 '자유로부터의 도피'로 귀결될 수도 있습니다.

우리나라 보수는 '보수'라는 말의 이미지와 달리 원래 아주 진취적인 정치 세력이었습니다. 이승만 대통령부터 박정희 대통령에 이르는 건국과 부국의 시기는 세계로 나아가는 진취성과 세계에 열려 있는 개방성이 없었다면 불가능했을 것입니다. 그 시기에 진보 세력은 폐쇄적 경제를 가진 민족국가를 꿈꾸고 있었습니다. 그들이 국가를 운영했다면 대한민국은 아직도 개도국 신세를 면하지 못했을 것입니다. 지금은 비록 보수의 진취적이고 개방적인 이미지가 많이 퇴색했지만, 보수의 뿌리에는 여전히 그 미덕이 살아 있습니다. 저는 대한민국 보수의 이러한 미덕이 현재의 청년세대와 잘 어울린다고 생각하고 있습니다.

현재 청년들의 절망과 상심은 드라마나 인터넷 공간에서만 표현될 뿐 현실 정치에서는 제대로 표출되지 못합니다. 그들이 정치적으로 대표되고 있지 못하기 때문입니다. 지금 우리 정치는 엄밀히 말해 청년 차별 정치입니다. 실제로 2030 국회의원 숫자는 손가락으로 셀 수 있을 정도입니다. 국민연금처럼 사회적 대화와 타협이 필요한 많은 사회적 과제는 기성세대 중심으로 논의가 이루어지고 그 해법도 기성세대 이익이 우선합니다. 사회적 대화라 하면서도 세대 간의 대화는 존재하지 않습니다. 기성세대는 정당, 노동조합, 사회 단체에서 압도적 영향력을 행사하며 청년들의 미래 이익을 경시 혹은 무시합니다.

선거는 다양한 집단이 자신의 존재감을 발휘할 수 있는 최적의 계기를 제공합니다. 2030세대도 선거 때는 주목을 받고 우대를 받습니다. 여야 정당들은 청년들에게 온갖 약속을 하며 청년 최고위원, 청년 대변인 등등 많은 자리도 내줍니다. 그러나 이것은 대표가 아니라 동원입니다. 동원된 청년들은 선거가 끝나면 사라집니다. 청년들은 선거용 장식품, 소모품에 불과합니다.

청년 차별 정치는 청년을 마모시킬 뿐만 아니라 정치 자체를 노쇠화시킵니다. 세계는 매일 새로운 문제를 생산하며 사회적 이익의 재정렬을 요구하는데 기성 정치는 기존의 틀에 갇혀 문제를 해결할 능력도, 이익 갈등을 조절할 능력도 잃습니다. 디지털혁명과 AI혁명이 현실의 구조를 나날이 무너뜨려도 기성 정치는 새로운 구조를 짜볼 생각은 하지 않고 낡은 구조를 강화할 생각만 합니다. 구조의 변화 압력에 대응하는 발상의 전환이 불가능하고, 발상을 하더라도 완강한 기득권 구조를 돌파할 수 없습니다. 그리하여 정치가 기능 중지를 한다면 대한민국은 세계의 조류와 파도가 미는 대로 정처 없이 표류할 수밖에 없습니다.

따라서 청년을 정치 세력화하고 청년정치를 육성하는 것은 청년이 자신의 정치적 대표성을 높여 자기 삶의 문제를 직접 해결하게 할 뿐만 아니라, 무엇보다 대한민국의 정치를 갱신하고 대한민국 자체를 갱신하기 위한 것입니다. 이 책은 현재의 2030세대를 제대로 이해하고 청년정치를 육성할 수 있는 방안을 모색하고자 하는 것입니다. 어떤 완성된 그림을 펼쳐 보이는 것이 아니라 뜻있는 사람들이 생각을 나누고 함께 새로운 것을 시도해 보자는 조그만 노력입니다. 청년들과 이 책을 함께 읽고 많은 대화를 나누었으면 좋겠습니다.

차례

|1|

한국 정치에
청년이 없는 이유

대한민국 정치에는 청년이 없습니다. '청년 부재'의 정치입니다. 세 가지 측면에서 그렇습니다. 첫째, 한국 정치는 중장년 정치인들은 넘쳐나는데 청년 정치인들의 수는 손에 꼽을 정도입니다. 이들이 미래 정치의 주역으로 전혀 나서지 못하고 있습니다. 일부 청년 정치인들이 있지만 기존 정치인들의 하수인 역할을 벗어나지 못하는 경우가 대부분입니다. 더 심각한 것은 청년 정치인을 만들어 낼 체계적인 리더십 양성 과정 자체가 없다는 것입니다.

둘째, 한국 정치에는 청년 정책이 없습니다. 정당들이 청년의 처지와 삶에 바탕을 둔 정책을 만들기는커녕 청년의 미래에 부담이 되는 정책만 양산하고 있습니다. 연금 정책, 일자리 정책, 부동산 정책 등등 모든 정책이 청년의 이익에 반하거나 어긋나는데도 이를 반전시킬 의지와 역량을 보여주지 못합니다. 오히려 지방정부들이 좋은 청년 지원 정책들을 앞다투어 내놓고 있지만, 중앙 정치가 이를 제대로 뒷받침하지 못하고 있습니다.

셋째, 한국 정치에 미래세대의 삶에 대한 고민이 없습니다. AI 시대가 일자리와 삶의 양식에서 엄청난 구조 변혁을 가져오고 있고 미래세대의 삶을 송두리째 바꿀 것이 분명하지만, 한국 정치에는 이에 대한 고민이 보이지 않습니다. 수도권 일극체제와 같이 청년의 삶을 근원적으로 뒤틀리게 만드는 구조에 대해서도 이를 고쳐보고자 하는 의지와 열정이 없습니다.

이런 청년정치의 부재는 한국 정치의 고착된 기득권 구조의 산물입니다. 양당의 기득권 구조는 아주 완강하게 뿌리내려 있습니다. 야당의 경우 보수성이 왜곡되어 관료주의와 권위주의가 기득권을 형성하고 있습니다. 여당은 86세대의 장기집권이 막강한 기득권과 위계 구조를 만들어냈습니다. 이런 기득권 구조가 정당 안으로는 이견을 인정하지 않는 내부 전체주의를 강요하고, 바깥으로는 비타협적 정쟁의 정치를 정당화합니다. 이런 내부 전체주의와 외부 비타협적 정쟁이 다시 정당 권력을 획득한 사람들의 기득권을 더욱 강화합니다. 열혈지지자들에 의존하는 '팬덤 정치'도 이 기득권을 더 강화하려는 전략의 일환입니다.

이 기득권 정치의 가장 큰 피해자는 청년들입니다. 왜냐하면 시대의 변화는 청년들의 미래에 불안정, 불확실성, 불안이라는 '3불 현상'을 짙게 드리우고 있지만, 정작 자신들의 문제를 대변하고 해결할 정치적 대표자들을 찾을 수 없기 때문입니다.

청년이 부재한 대한민국 정치는 양대 기득권 세력의 극한 정쟁으로 점점 더 질적으로 쇠퇴하고 있습니다. 타협은 실종되었고, 설득은 조롱으로 대체되었습니다. 정당은 미래를 설계하는 조직이 아니라 지지층을 동원하고 관리하는 기구가 되었고, 국회는 숙의의 공간이 아니라 적대의 무대가 되었습니다. 적대 정치, 팬덤 정치, 폭민 정치가 횡행하고, 국회 다수당의 폭주와 횡포 아래 법치는 가쁜 숨을 몰아쉬고 있습니다. 스티븐 레비츠키(Steven Levitsky)와 대니얼 지블랫(Daniel Ziblatt)이 《어떻게 민주주의는 무너지는가》에서 민주주의의 비제도적 받침대라고 말하는 두 가지 민주적 규범, 곧 상호 관용과 제도적 자제는 우리 정치에서 사라진 지 오래입니다. 나치즘의 정치철학적 기초를 놓았다고 평가받는 카를 슈미트(Carl Schmitt)의 정치관("정치는 적과 동지의 구분")이 지금 대한민국 정치만큼 잘 실현된 곳이 없을 것입니다. 아니, 우리는 아직도 사화의 피로 얼룩졌던 당쟁 시대 속에 살고 있는지도 모르겠습니다. 그 속에서 멍드는 것은 결국 청년들과 미래세대의 삶입니다.

보수와 진보의 적대적 공생

현재의 극한 정쟁은 좌우 이념 갈등에 뿌리를 두고 있지만, 다른 나라에서 일반적으로 발견되는 이념 갈등보다 더 깊은 역사적 뿌리를 가지고 있습니다. 우리나라 보수는 해방공간에서의 좌우 대립과 6·25전쟁, 그리고 이후의 남북 대치 때문에 1987년 민주화 이전까지는 강한 반공주의를 핵심 이념으로 삼고 있었습니다. 우리의 헌법은 자유·민주·공화를 핵심 가치로 삼고 있지만, 먼저 공산주의를 물리치는 것이 이 가치들을 지키기 위한 선행 과제라는 강한 인식이 있었습니다. 그 때문에 독재도 반공주의를 명분으로 정당화하려는 기도가 반복되었습니다.

이러한 반공주의와 반공 독재에 대해 4·19혁명부터 부마항

쟁과 광주민주화운동에 이르기까지 지속적 저항이 있었습니다. 1980년대에 들어 이 저항은 규모 있는 운동권 세력의 형성으로 이어졌고, 이 세력은 1987년 민주화 이후 정치의 전면에 등장했습니다. 운동권 세력은 민주화 투쟁을 통해 도덕적 정당성을 획득하고 민주주의를 회복하는 데 크게 기여했지만, 이들의 이념은 철 지난 마르크스스레닌주의와 주체사상이었습니다. 그리하여 1980년대 말과 1990년대 초에 일어난 사회주의 몰락과 함께 이들은 큰 정치적 전환을 도모하지 않을 수 없게 됩니다.

사회의 다양한 영역에서 힘을 기르던 운동권 세력은 김대중 노무현 시대를 거치면서 우리 정치의 주요 세력으로 다시 등장해 대한민국 진보를 대표하게 되었습니다. 이들은 민족주의와 사회주의를 혼합한 운동권 시절의 이념을 여과 없이 표출해 나갔습니다. 북한이 한국사의 정통성을 이어받고 있다는 인식을 드러내었고, 보수가 자랑하는 기적의 성장사를 반칙과 특권의 역사로 단죄하기도 했습니다. 대한민국 외교안보의 근간인 한미동맹은 노골적 반미에 심하게 흔들렸고, 대학의 담벼락 안에 갇혀 있던 순진하고 위험한 친북 종북주의가 거리로 뛰쳐나왔습니다. 민노총, 전교조, 시민단체 등과 함께 돌아온 정치권 운동 세력 뒤에는 1980년대와 1990년대에 대학교를 다녔던 세대가

     AI시대, 대한민국 청년을 다시 세우다

자리하고 있었습니다.

대한민국 정체성에 대한 운동권의 공격은 역설적이게도 서서히 수명을 다해 가던 보수의 반공주의에 새로운 생명력을 주었습니다. 나이로 보면 지금의 60대 이상이 운동권 정치에 큰 위기를 느꼈습니다. 그들은 나라가 또다시 공산주의의 위협 아래 처했음을 보았고, 자신들의 성취가 친북주의자들에게 부정당하는 것을 보았습니다.

이렇게 해서 우리나라 보수와 진보는 다시 서로를 '실존적 위협'으로 바라보기 시작했으며, 이 실존적 위협감이 정치를 극단적으로 양극화시키기 시작했습니다. 현재의 우리 정치는 이때 형성된 실존적 차원의 적대적 대결이 계속 강화되어 온 결과라 해도 과언이 아닙니다.

현재의 극한 정쟁 정치를 떠받치고 있는 것은 세대로 보면 60대 이상에서 다수를 차지하는 보수층과 40, 50대에서 다수를 차지하는 진보층입니다. 두 세대는 같은 공간에서도 상당히 다른 역사적 체험을 겪었습니다. 노년세대는 멀리는 6·25전쟁을 직접 겪었고 대략 1970년대까지 빈곤이 어떤 것인지를 뼈저리게 알고 있습니다. 1980년대 이후에 대학을 다닌 장년세대는 멀리는 1980년대 반독재 민주화운동에 직접 참여해 1987년 민주화에 기여했고, 가까이는 IMF 외환위기를 겪으며 보수 정부에 대한 적개심을 키웠습니다. 이미 권력의 무서움과 안락함을 모두 경험한 이들 두 세대는 해가 갈수록 안으로는 구심력을, 밖으로는 원심력을 발휘하며 극한 정쟁의 마르지 않는 자양분을 제공했습니다.

하지만 우리나라의 여야가 적대적 공생관계를 이루고 있다고 하듯이, 노년세대와 장년세대도 큰 공통분모를 가지고 있습니다. 생애 중 겪은 시기는 다르지만, 그들 모두 한반도에서 단군 이래 최대의 경제성장을 겪었고 그 열매도 최대한 향유한 세대라는 점입니다. 아시다시피 1960년대 중반에서 1990년대 중반까지 우리나라는 세계사에서 유례가 드문 고도성장을 이루었고, 그 뒤에도 2010년대 중반까지 견조한 성장세를 보이며 선진국에 진입했습니다. 이 지속적 성장의 시기에 노동, 건강, 복지에 관한 우리나라의 사회 시스템도 큰 진전을 이뤄 서구의 수준을 따라잡기 시작했습니다. 노년세대도, 장년세대도 이 성취의 주역이자 최대 수혜자였습니다.

청년 프레카리아트

　문제는 이들의 손자녀 혹은 자녀 세대, 즉 2030세대는 이 성취로부터 혜택받았다는 인식을 별로 갖지 않는다는 사실입니다. 우리가 섭씨 20도 내외의 찬물에서 35도가 되면 그 따뜻함을 느끼지만 35도에서 1, 2도 올라가면 크게 느낌이 없는 이치와 같습니다. 반대로 35도였다가 30도 이하로 내려가면 움찔할 만큼 차가움을 느낍니다. 우리의 젊은 세대는 한 마디로 자유의 세대이자, 선진국의 세대입니다. 이들이 자랄 때 이미 대한민국은 현대 문명의 이기를 다 보여준 나라였습니다. 이들은 배고픔을 모르고 자란 세대이고, 대한민국이 이미 자유민주주의를 구현한 이후에 개인화와 자유화의 세례를 가장 많이 받은 세대입니다. 하지만 이와 동시에 강한 사회적 압박 속에서 가장 많은 스트레스를 받은 세대이기도 합니다. 전 세대의 출세와 성공의 통로였던 교육에서의 경쟁이 이들에게서 더 왜곡된 형태로 심해졌기 때문입니다. 문제는 그렇게 해서 어렵게 대학을 나와도 이들에게 취업과 성공의 문은, 부모가 자랑하는 발전의 신화가 무색하게, 이전보다 훨씬 더 좁아졌다는 사실입니다.

　사실 2030에게 대한민국은 40세 이상 세대의 기득권이 철옹성을 이루고 있는 나라라고 해도 무방합니다. 1980년대 이후 경제 구조가 고도화되고 ICT혁명과 4차산업혁명이 일어나면서 '일자리 부족 성장'이 정상이 되었습니다. 2026년 1월 기준 한국 청년들의 일자리 현실은 역대급 실업률과 고용률 하락으로 나타나고 있습니다. 고용률은 43.6%로, 이는 코로나19 시기(2021년) 이후 약 5년 만에 최저 수준입니다. 실업률 역시 전년 대비 상승하며 7%대에 육박하고 있습니다. 무엇보다 '쉬었음' 인구가 급증하고 있습니다. 그 숫자는 50만 명을 상회하고 있습니다. 이는 단순한 실업을 넘어 '노동시장' 이탈이 고착화되고 있음을 시사합니다. 무엇보다 대졸 실업자 수가 1년 새 크게 늘어났으며, 이는 고학력 인력 자원이 생산적인 곳에 투입되지 못하고 유휴화되고 있음을 의미합니다. 그 원인은 다음과 같이 설명될 수 있습니다.

첫째, '신입보다 경력' 중심의 채용 추세 변화입니다. 기업들이 대규모 공채 대신 수시 채용과 경력직 선호로 돌아섰습니다. 직무 경험이 없는 대학 졸업생들이 노동시장에 진입할 '첫 문턱' 자체가 사라지면서 구직 기간이 장기화되고 있습니다.

둘째, 노동시장 이중 구조와 양극화입니다. 대기업·공공기관(1차 노동시장)과 중소기업(2차 노동시장) 간의 임금 격차 및 복지 수준의 괴리가 너무 큽니다. 청년들은 중소기업에 취업했다가 경력이 단절되거나 저임금에 갇힐 것을 우려해 '괜찮은 일자리(decent job)'가 나올 때까지 구직을 미루는 선택을 합니다.

셋째, 산업 구조와 교육의 미스매칭입니다. 산업계는 AI, 바이오 등 신산업 인력을 원하지만, 대학 교육은 이러한 속도를 따라가지 못하고 있습니다. 결과적으로 기업은 "뽑을 사람이 없다"고 하고, 청년은 "갈 곳이 없다"고 호소하는 인력 수급의 불일치가 발생합니다.

이로 인해 '니트(NEET)족'과 '쉬었음' 청년층이 고용 구조 저변에 점점 더 두껍게 깔리고 있습니다. 원하는 일자리를 찾지 못한 청년들이 반복되는 불합격 끝에 무력감을 느끼고 구직 자체를 포기하거나 가족에게 부양받는 은둔형 청년이 되거나 비자발적 단시간 근로 아르바이트로 연명하는 현상입니다. 특히 최근 통계에 따르면 취업 경험이 한 번이라도 있었던 청년들이 퇴사 후 다시 노동시장으로 돌아오지 않고 '쉬었음' 상태로 빠지는 사례가 늘고 있습니다.

한국은행 분석에 따르면, 청년기에 취업이 늦어지거나 낮은 수준의 일자리로 시작할 경우 생애 전반의 소득이 낮아지고 고용 불안정이 지속되는 '상흔'이 남습니다. 이를 '상흔 효과(scarring effect)'라고 합니다. 미취업 기간이 1년 길어질 때마다 향후 임금이 약 7% 낮아지는 것으로 추정됩니다. 또한 취업이 늦어질수록 단시간 근로를 선택하는 청년이 늘고 있습니다. 자발적인 '프리터족'이라기보다는 강요된 프리터족이 되는 경우가 늘고 있습니다. 이는 저결혼 저출생의 원인으로 작용합니다. 청년의 실업과 고용 불안정이 인구 구조적 위기로 전이되고 있는 것입니다.

실제로 청년들의 체감실업률은 16% 정도에 이르고 있다는 보고도 있습니다. '불안정한 프롤레타리아트'를 뜻하는 '프레카리아트(precariat)'라는 말이 있습니다. 2004년 유로메이데이 행사에서 처음 등장했고 이후 영국의 경제학자 가이 스탠딩(Guy Standing) 등이 체계적으로 분석한 계층의 명칭입니다. 이제 프레카리아트는 예외적 계층을 지칭하는 말이 아니라 오늘날 한국의 청년들에게서는 일반적 현상이 되고 있는 것은 아닐까요?

자산과 주거 분야에서 청년들은 더 큰 절망을 경험하고 있습니다. 아시다시피 부동산 불평등은 수도권 일극주의와 강남 불패가 가장 큰 원인이지만 정책적으로는 어설픈 손으로 수요 공급 구조를 더 왜곡시킨 민주당 정부의 책임이 큽니다. 경실련의 2025년 6월 발표에 따르면, 서울 25개구 30평형 아파트 평균 시세 상승액 및 상승률은 노무현 정부 2.3억 원(80%), 이명박 정부 -0.5억 원(-10%), 박근혜 정부 1억 원(21%), 문재인 정부 6.8억 원(119%), 윤석열 정부 0.2억 원(1%) 등입니다. 이전의 압도적 랭킹 1위는 사회주의적 부동산 정책을 감행했던 문재인 정부였지만, 이재명 정부가 새로운 신기록을 쓸지도 모릅니다.

20대 가구가 저축으로 서울 아파트를 사려면 86.4년이 걸린다는 통계치가 나온 적도 있고, 국토교통부가 발표한 '2024년 주거실태조사'에서는 서울 자가 가구의 주택 가격 대비 소득 비율(PIR) 중간값이 13.9배로 조사되었습니다. 이는 서울에서 집을 사려면 월급을 한 푼도 쓰지 않고 14년을 모아야 한다는 뜻입니다. 이 조사에서는 청년의 주거 조건도 아주 취약하다는 것이 드러났습니다. 청년 가구의 82.6%가 임차로 거주하며, 오피스텔 등 비주택 거주 비중도 17.9%에 이르렀습니다. 이런 상황에서 청년들이 집을 포기하고 차라리 좋은 차를 사는 것은 합리적 선택일 수 있습니다.

미래가 부담스럽기만 한 청년들의 불안감은 연금제도를 보면 더욱 깊어집니다. 1988년 1월부터 10인 이상 사업장 근로자를 대상으로 처음 시행된 국민연금은 1999년 도시 지역 주민까지 포함되며 전국민 연금 시대가 열렸습니다. 전문가들은 우리 국민연금의 소득대체율이 선진국에 비해 너무 낮아 온전한 연금이 아니라고 비판해 왔습니다. 하지만 연금으로 인한 일부 선진국들의 재정 파탄을 보면 차라리 현명한 결정이었다고 해야 할지도 모릅니다. 연금 고갈 시기를 늦출 수 있고, 그만큼 한 번 늘어난 복지는 되돌아갈 수 없다는 복지의 비가역성 문제를 피할 수 있는 여지가 조금은 있기 때문입니다.

연금제도는 정부가 바뀔 때마다 개혁의 첫 번째 목록에 오르지만, 전 국민이 이해당자자인 상황에서 이해관계가 엇갈리기 때문에 부분적으로 손질을 가하는 것도 쉽지 않습니다. 분명한 것은 청년세대는 현재의 연금제도에 대해 큰 불만을 가질 수밖에 없다는 점입니다. 기성세대는 적은 돈을 내고 많은 돈을 받아 가지만, 청년세대는 많은 돈을 내고도 기성세대에 비해 적게 받기 때문입니다. 또한 지금은 생산가능인구 네 명이 노인 한 명을 부양하지만, 2070년이 되면 저출산고령화로 인해 생산연령인구 한 명이 노인 한 명을 부양해야 한다는 전망입니다.

한 마디로 현재의 제도 아래에서 청년들은 독박을 써야 하는 상황이라 해도 과언이 아닙니다. 따라서 청년들이 국민연금에 큰 불신을 보이는 것은 너무나 당연합니다. 최근 조사에서 20대와 30대는 연금제도에 대한 신뢰율이 각각 20.5%, 15.5%에 불과했고(60대 이상 47.1%), 약 71%의 청년들은 연금이 소멸하기 전에 자신들이 혜택을 받지 못할 것이라고 생각했습니다. 2025년 통과된 국민연금 개혁안에서는 국민연금 보험료율이 기존 9%에서 13%로 인상되고 연금의 소득대체율이 40%에서 43%로 상향 조정되었지만, 청년들이 이 개혁안에 큰 불만을 터뜨린 것은 충분히 이해할 만합니다. 청년들은 자신이 복지국가의 수혜자이기보다 재정적 부담자에 가깝다고 느낍니다.

청년을 정치로 들어오게 하라!

청년들이 이처럼 기성세대가 구축한 사회 시스템으로부터 혜택은커녕 불이익을 당하게 된 것은 산업 구조와 인구 구조의 변화처럼 거의 불가항력에 가까운 구조적 요인도 있지만, 머지않은 미래를 외면한 기성세대와 그 세대를 대변한 정치 세력 탓도 있습니다. 장년 이후의 세대는 대한민국의 정체성을 둘러싸고 살벌한 실존적 투쟁을 벌이면서도 자기 세대의 이익을 최대화하는 사회 시스템을 구축하고 유지하는 데는 공모했습니다. 그 시스템의 수정 필요성이 명확해졌을 때도 그들은 기득권을 유지했습니다.

강력한 세대 블록 정치 속에서 2030은 정치 주체가 아니라 주변부 관객이었습니다. 선거 국면에서는 동원의 대상이었지만 정책 결정의 테이블에는 초대받지 못했습니다. 청년은 늘 미래로 호명되었지만, 현재의 이해관계자이자 책임 있는 시민으로 인정받지 못했습니다. 청년의 정치 소외는 국회의원의 연령별 구성만 보아도 극명하게 드러납니다. 제22대 국회의원 당선인의 평균 연령은 56.3세로, 50대 이상이 전체의 약 83.3%를 차지합니다. 30대는 4.7%에 불과하며, 20대 당선인은 한 명도 없습니다. 18~39세 비중이 약 25%라는 사실에 비추어 보면 국회의원직이 경험과 경륜을 필요하다는 사실을 인정하더라도 이는 압도적 과소 대표라 하겠습니다.

이는 우리나라의 정치제도, 정당 공천 구조, 정치 자금 조달 방식, 권위주의적 정치 문화 등등이 결합해 만들어진 구조적 진입 장벽의 결과입니다. 국제적으로 비교하면 우리나라의 2030 정치인 비중은 OECD 국가 중 최하위권입니다. 2021~24년 기준 OECD 평균은 18.8%로, 이탈리아가 42.7%로 가장 높고 노르웨이(34.3%), 스웨덴(31.4%), 덴마크(30.7%), 핀란드(29%) 등 북유럽 국가들이 다음으로 높습니다. 우리나라는 4.7%(22대 기준)로 일본(8.4%)과 더불어 최하위권에 속합니다.

따라서 우리나라 청년들이 자기 세대의 문제를 직접 국회로 가져가 최우선 의제로 올리기는 현실적으로 불가능합니다. 청년들은 기성세대 정치인에 의해 대표될 수만 있을 뿐 스스로를 대표할 수는 없습니다. 하지만 기성 정치인들은 해방공간의 문제까지 끌어와서 극한 정쟁의 재료로 삼는 데는 신경을 써도, 청년들의 삶을 들여다보고 그들의 이익을 대표하는 데는 별로 관심을 두지 않습니다. 기성 정치인들이 삶의 문제를 다룰 때도 대개는 자기 세대의 삶의 문제를 다룰 뿐입니다. 그들이 미래를 이야기할 때도 그 미래는 자기 세대의 미래를 의미할 뿐 청년세대의 미래를 의미하지는 않습니다. 기성세대의 미래는 청년세대의 미래를 희생시키는 위협이 되고 있습니다. 기성세대의 안전한 미래가 청년세대에게는 불안한 미래일 뿐입니다.

청년은 청년세대의 미래를 기준으로 나라의 미래가 설계되기를 원합니다. 하지만 기성 정치는 여기에 응답하지 않았습니다. 청년세대의 정치의식이 변하는 것은 당연합니다. 과거의 청년세대는 대체로 진보 정당을 지지해 왔습니다. 민주화의 서사, 개혁의 언어, 약자 보호의 담론은 청년의 도덕적 감수성과 쉽게 결합했습니다. 그러나 오늘의 청년은 더는 특정 진영에 자동으로 귀속되지 않습니다. 무당파 청년이 크게 늘었고, 청년 남성 집단은 대체로 보수 정당을 더 많이 지지합니다.

이러한 청년층의 정치의식 변화에 대해 일부 좌파 세력은 청년층, 특히 2030 남성의 '극우화'를 입에 올리기도 합니다. 하지만 좌파의 이러한 청년 비난은 지난 한 세대에 걸쳐 일어난 여러 가지 경제적 사회적 변화에 대한 무지 혹은 외면에서 비롯된 것입니다. 특히 한국의 진보는 청년들이 지금 겪고 있는 어려움에 더 큰 책임이 있습니다. 대기업 정규직을 이념형으로 삼고 있는 현재의 노동체제는 거의 전적으로 역대 민주당 정부가 만든 것이며, 이 체제는 청년들에게는 차별의 장벽입니다. 단군 이래 최악의 부동산 불평등을 초래한 것도 민주당 정부의 탓이 큽니다. 도덕적 오만과 사회주의적 실험이 결합해 최악의 정책 참사를 일으켰기 때문입니다.

그런 정치 세력이 말끝마다 정의를 외치고 평등을 외치니 많은 청년들이 혐오감을 느끼는 것은 당연한 일입니다. 청년들이 요구하고 있는 것은 시대의 변화에 따라 기성세대의 기득권 구조를 넘어 미래를 기준으로 삼자는 것입니다. 그런 그들을 '극우'로 규정하며 자신들의 낡은 사고방식에 끼워 맞추고 단죄하는 자칭 진보야말로 반동적 인식을 드러내고 있을 뿐입니다.

오늘의 청년에게 국가는 더는 안전망으로 인식되지 않습니다.

나아가 국가는 기회를 제공하는 존재가 아니라 비용을 지불하게 하는 존재입니다. 청년이 진입하는 생소한 광야에는 기회의 사다리는 별로 없는데 문턱마다 기성세대가 부과한 비용을 지불해야 하기 때문입니다. 집은 노동의 결과가 아니라 정치의 결과가 되었고, 자산 가격의 상승은 특정 세대에게는 자산 증식의 기회였지만 금수저가 아닌 청년에게는 진입 불가능한 장벽이 되었습니다. 연금과 복지 역시 현재의 수혜를 유지하는 대신 미래 세대의 부담을 전제로 작동하고 있습니다.

시대의 변화에 따라 이익을 재조정하고 자원을 재배분해야 할 정치는 청년세대를 철저히 무시하며 기성세대 중심의 자원 배분을 통해 기성세대의 이익을 특권화하는 정책을 시행해 왔습니다. 대한민국의 정체성 문제를 놓고 불구대천지원수가 된 우리의 보수와 진보도 청년 착취 정치를 해왔다는 점에서는 동지였습니다.

물론 이 문제에 관한 한 좌파의 책임이 더 큽니다. 한국의 좌파들이 수십 년 동안 권좌에서 내려오지 않고, 기득권을 향유할 수 있었던 것은 한 마디로 민주화운동의 완장을 차고 행세하는 레거시 정치가 본질이었습니다. 이들의 이념과 정책은 전혀 진화를 하지 못했습니다. 민주당의 이념과 정책은 기존의 좌파

〈표 1〉 산업사회 및 AI시대 패러다임

구분	산업사회 패러다임(산업혁명 이후)	AI시대 패러다임(지능정보사회)
핵심동력	자본(Capital)+노동(Labor)	데이터(Data)+알고리즘(AI)
생산방식	인간의 육체/정신노동이 필수적 요소	노동의 '한계비용 제로'화 (탈노동화)
가치원천	규모의 경제, 공장, 숙련된 노동력	네트워크 효과, 컴퓨팅 파워, 데이터 독점
수익구조	선형적 성장 (노동 투입량에 비례)	지수적 성장 (승자 독식 및 초거대 플랫폼)

프레임에 갇혀 진화는커녕 퇴영적 모습까지 보였습니다.

보수 정당도 지적 정책적 게으름으로부터 탈피하지는 못했습니다. 대한민국 발전의 신화를 써왔음에도 불구하고, 보수 정당은 과거의 얼룩에서 벗어나지 못했고, 이념과 정책은 타성에 젖어 시장경제와 자유민주주의만 되뇌는 앙상함을 노출했습니다. 시대의 복합적 과제에 대해 국가의 힘을 키우고 번영을 이어갈 선도적 국가 전략을 마련하는 데 역량을 보여주지 못했습니다. 다양한 영역에서 삶의 고통을 호소하는 국민들을 보듬고 공감할 정책들을 마련하는 데도 유능하지 못했습니다. 이에 따라 그래도 정책은 보수가 낫다는 믿음은 국민들 사이에서 점점 엷어졌습니다.

근본적인 문제는 우파든 좌파든 자본-노동의 이분법에 기초한 산업사회 패러다임으로 시대를 바라보는 타성에서 벗어나지 못하고 있다는 점입니다. 이 산업사회 패러다임은 디지털 전환과 AI혁명이 일어나면서 근본적으로 무너지고 있습니다. 자본과 노동이 원동력이었던 생산력은 데이터와 알고리즘이 원천이 되고 있고, 신성시되었던 노동은 급격히 탈노동화될 예정입니다. 규모의 경제와 숙련된 노동력에 의존하던 노동가치론은 깨졌고 네트워크 효과와 컴퓨팅 파워, 데이터가 가치 원천이 되고 있습니다. 수익은 노동 투입에 비례하는 것이 아니라 플랫폼 장악력에 비례합니다.

오늘의 우리 청년들이 저항하고 있는 것은 바로 산업사회 패러다임에 기초한 사회 시스템, 정치, 국가라 해도 틀림이 없습니다. 시대는 바다가 육지가 될 만큼 크게 바뀌고 있는데 교육과 노동시장, 사회 정책은 옛것을 답습하는 데 따른 답답함이 청년세대를 짓누르고 있습니다.

먼저 교육제도의 경직성을 지적하지 않을 수가 없습니다. AI가 광범하게 활용되면서 이제 교육의 핵심은 방대한 지식을 머릿속에 넣는 것이 아니라, AI에게 올바른 질문을 던지는 '프롬프트 엔지니어링' 능력과 AI의 결과물을 검증하는 '비판적 사고'

능력을 기르는 것으로 바뀝니다. 또한 현행 교육은 대량 생산 시대에 적합한 '표준화된 인간'을 길러내는 데 특화되어 있어서 개별화된 창의성을 중시하는 AI시대의 요구와 정면으로 충돌합니다. 지식을 넣어주는 교사, 교수진의 역할이 근원적으로 달라져야 합니다. 이들이 인문학적 인성 함양과 문제 해결 능력을 촉진하는 멘토 역할을 못한다면 더 이상 효용이 없게 될 것입니다. 지금 필요한 것은 가르치는 사람이 아니라 인도하는 사람, 즉 멘토입니다.

노동시장을 규율하는 노동법 및 사회 안전망도 구식 설계의 틀에 갇혀 있습니다. 현행 노동법은 전일 근로자를 보호하기 위해 설계되었습니다. 플랫폼 노동자나 프리랜서 등 새로운 형태의 노동자는 법적 보호의 사각지대에 놓여 있습니다. AI로 인한 이직이 잦아질 시대에, 현재의 단기적 실업 부조는 노동 이동성을 충분히 지원하지 못합니다. 피지컬 로봇이 대량 투입된다면 경제적 분배 시스템도 다시 설계해야 합니다. AI를 더 많이 소유하고 활용하는 기업가는 막대한 부를 쌓지만, 노동의 가치는 상대적으로 하락합니다. 이를 재분배할 '로봇세'나 '데이터 배당' 같은 새로운 과세 체계는 아직 논의 단계에 머물러 있습니다.

현재의 제도가 변화를 감당할 수 없는 또 다른 이유들이 있습니다. 첫째는 시간적 비대칭성입니다. 기술은 퀀텀 점프를 하지만 법과 제도는 계단식으로 변화합니다. 이 간극이 사회적 갈등을 유발합니다. 기득권의 저항도 만만치 않습니다. 기존의 평가 시스템(수능, 공채 등)과 자격증 체계에 기반해 이익을 얻는 집단들이 변화에 저항하며 제도 개혁을 지연시킵니다. 기술 혁신과 기성의 집단의식 사이에 인지 부조화가 있습니다. "교육을 잘받으면 좋은 직장에 들어가 은퇴할 때까지 안전하다"는 전통적 성공 공식이 여전히 사회 전반의 심리에 깊게 박혀 근본적인 체질 개선을 방해합니다.

이런 낡은 관행과 시스템, 기득권 구조의 벽을 허물기 위해서는 청년 스스로가 정치의 주체로 나설 수밖에 없습니다. 어찌됐든 제도를 바꾸고 시스템을 재구축할 주도적 힘은 정치에서 나올 수밖에 없고, 미래세대의 문제는 미래세대가 주체가 되어 풀 수밖에 없기 때문입니다. 여기에서 새로운 청년정치의 필요성이 강력히 제기됩니다. 우리 정치는 이제 단연코 패러다임 이동을 해야 합니다. 산업사회 패러다임에서 디지털 AI시대 패러다임으로 이동해야 하는 것입니다. 이를 가장 잘 수행할 수 있는 세대가 청년세대이고, 청년세대가 정치의 새로운 주체로 나설 때 이런 패러다임 전환은 보다 쉽게 이루어질 수 있습니다.

　이러한 문제의식에서 필자는 이 책을 통해 청년들의 문제를
더 깊이 들여다보고 청년들이 새로운 정치적 주체로 나서는 길
을 모색해 보고자 합니다. 청년의, 청년에 의한, 청년을 위한 정
치에 대해 청년들과 함께 논의해 보고 싶습니다.

| 2 |

대한민국의 청년은
누구인가?

우리나라는 1963년부터 2014년까지, 광주민주화운동이 일어 난 1980년, 외환위기를 겪은 1998년을 제외하고 세계 경제성장 률을 상회하는 경제성장을 이루었습니다. 이승만 정부 때도, 비 교 가능한 세계 성장률 자료는 없지만, 1954~59년 시기에 1956 년(0.7%)을 제외하고는 최소 5.6%(1955년)에서 최대 9.4%(1957년) 의 높은 성장률을 기록했습니다. 세계 성장률과의 차이를 세부 적으로 보면 2000년대 초반까지 우리가 얼마나 인상적인 고도 성장을 했는지 잘 알 수 있습니다.

1963~79년의 박정희 정부 시기는 약 6%, 1981~88년의 전두환 정부 시기는 7.4%, 1988~92년의 노태우 정부 시기는 6.5%, 1993~97년의 김영삼 정부 시기는 4.9%, 1998~2002년의 김대중 정부 시기는 2.6%(1998년 -7.7%), 2003~07년의 노무현 정부 시기는 2.1%, 2008~12년의 이명박 정부 시기는 1.1%, 2013~16년의 박근혜 정부 시기는 0.2%였습니다. 2015년은 특별한 사건과 경제 위기가 있었던 것도 아닌데 처음으로 세계 성장률보다 낮은 -0.2% 성장률을 기록한 해입니다. 2016년에는 다시 앞섰지만, 문재인 정부 이래 우리나라 성장률은 세계 성장률보다 낮은 추세를 유지하고 있습니다.

박정희 정부는 1960년대 초반 수출주도산업화 전략을 채택하고 1970년대에 중화학공업화 전략을 추진함으로써 자기 시대는 물론 후임들의 시대에도 고도성장을 이룰 수 있는 기반을 닦았습니다. 세계 성장률과의 격차를 크게 낸 전두환 정부와 노태우 정부 시기의 경제적 성취는 박정희 시대의 수출지향적 중화학공업화 전략이 뒤늦게 그 빛을 발휘한 결과입니다. 이 시기에 들어 우리나라는 중진국에 도달했고 민주화까지 이루어내며 신속하게 중진국 트랩을 벗어나 선진국으로 나아가는 발판을 마련했습니다. 김영삼 정부와 김대중 정부를 경유하며 우리나라

〈표 2〉 주요 국가별 1인당 GDP

구분	1995년 1인당 GDP	2025년 1인당 GDP	성장률 (배수)	비고
싱가포르	$24,931	$99,040	약 4.0배	독보적 1위권 도약
미국	$28,658	$89,600	약 3.1배	빅테크 기반 지속 성장
스웨덴	$29,889	$62,040	약 2.1배	혁신과 복지의 균형
이스라엘	$18,873	$60,010	약 3.2배	하이테크 강국으로 급부상
독일	$31,682	$59,930	약 1.9배	제조 강국의 저성장 국면
영국	$23,123	$56,660	약 2.5배	금융 중심, 브렉시트 후 둔화
프랑스	$27,034	$48,980	약 1.8배	점진적 우상향 유지
한국	$12,565	$37,520	약 3.0배	중진국에서 선진국 안착
이탈리아	$20,625	$43,160	약 2.1배	저성장 기조 지속
일본	$44,210	$34,710	약 -21%	유일한 하락(충격적 퇴보)

는 선진국의 초입 단계에 이르렀습니다. 이후에도 우리나라는 과거의 높은 성장률에는 못 미쳐도 만만찮은 경제성장을 거듭함으로써 명실상부한 선진국이 되었습니다.

월도미터(Worldometer)라는 웹사이트가 제공하는 1995~2025년 1인당 GDP(명목 달러) 데이터를 보면 우리나라는 1995년 12,565달러에서 2025년 37,520달러로 세 배가 증가했습니다. 이 수치는 선진국 가운데서는 싱가포르, 미국, 이스라엘을 빼고 가장 높은 수치입니다. 이 기간에 일본은 잃어버린 30년이라는 말처럼 오히려 마이너스 5%를 기록했고, 이탈리아는 2.1배의 증가율을 보였을 뿐입니다. 우리나라의 성적은 명목 달러로 해도 대단하지만, 사실 PPP로 하면 5.2배의 증가를 기록해 4.8배의 증가를 기록한 싱가포르를 제치고 1등입니다. 전 국민의 정신적 육체적 에너지를 동원한 박정희 시대의 경제성장은 그렇다 치고, 세계 성장률을 상회했던 1980년대 이래 2015년 무렵까지의 이 '황금 시기'의 원동력은 무엇이었을까요?

황금 시기의 원동력

이 황금 시기는 여러 가지 구조적 외생적 요인이 복합적으로 작용한 결과였지만, 그중에서도 신속한 산업 전환, 세계화와 중국의 고속 경제성장, 그리고 황금 인구 구조를 세 가지 핵심 요인으로 꼽을 수 있겠습니다.

첫째, 한국 경제는 세계적으로 드물게 산업 구조의 고도화를 압축 비약형으로 성공시켰습니다. 1960년대에는 합판과 섬유를 중심으로 한 경공업 제품 수출을 통해 산업화의 초기 단계를

 AI시대, 대한민국 청년을 다시 세우다

밟았고, 1970년대에는 철강·조선·석유화학 등 중화학공업을 전략적으로 육성했습니다. 1980년대 이후에는 반도체와 자동차 산업을 중심으로 첨단 제조업에 본격적으로 뛰어들었으며, 이후에도 스마트폰, 디스플레이 등 고부가가치 제조업 분야에서 세계 최고 수준의 기술력을 확보하며 글로벌 제조업 강국으로 발돋움했습니다. 이러한 산업 전환은 단순한 업종 이동이 아니라, 기술 축적과 인적 자본 형성을 동반한 질적 도약이었다는 점에서 큰 의미를 갖습니다.

둘째, 세계 경제는 1990년대 이후 이른바 세계화의 물결, 즉 경제적 자유주의의 물결이 넘쳐났고, 이 과정에서 자유무역 질서가 확립되면서 한국과 같은 수출지향적 경제에 큰 혜택을 주었습니다. 아울러 중국의 세계 역사상 미증유의 고속성장은 한국 경제의 지속적 성장에 결정적인 외부 환경을 제공했습니다. 중국은 세계 경제성장의 핵심 동력으로 부상했고, 지리적 산업적으로 인접한 한국은 최대 수혜국 중 하나였습니다. 중국은 이 시기 미국과 일본을 제치고 한국의 최대 교역국으로 부상했으며, 한때는 중국과의 교역 규모가 미국과 일본을 합친 규모를 상회하기도 했습니다. 중국의 입장에서도 한국은 핵심적인 무역 파트너로 자리 잡았고, 2022년에는 일본을 제치고 제2위 교역

국이 되었습니다. 이 시기에 대체로 양국은 상호보완적인 산업 구조를 유지했으며, 이는 양국 사이의 '윈윈' 구조를 가능하게 했습니다. 이 기간에 한국은 주요 국가들 가운데 중국을 제외하고 가장 높은 수준의 경제성장률을 기록하며 중진국에서 선진국으로 도약했고, 중국은 후진국에서 G2로 성장했습니다.

셋째, 황금 인구 구조는 황금 시기의 숨은 영웅이라 할 수 있습니다. 일반적으로 황금 인구 구조란 15~64세의 생산가능 인구가 아동과 노인 등 피부양 인구의 두 배 이상을 차지하는 인구 구성을 의미합니다. 이런 구조에서는 노동 공급이 풍부해질 뿐만 아니라, 소비 시장이 확대되면서 경제성장의 잠재력이 극대화됩니다. 특히 제도적 안정성과 적절한 정책 환경이 결합할 경우, 국가 경제는 급속히 성장할 가능성이 높아집니다. 동일한 맥락에서 황금 인구 구조는 제도적 역량을 갖추고 경제발전에 노력하는 국가에 '인구 보너스(demographic dividend)'를 제공한다고 할 수 있습니다. 한국의 경우 1980년대부터 2015년까지가 바로 이런 인구 구조의 황금기에 해당하며, 제1차 베이비붐 세대(1955~63년생)가 본격적으로 은퇴하기 시작한 시점이 2015년 전후라는 점은 이 시기의 종결을 상징적으로 보여줍니다.

이 황금 시기의 대대적인 성공이 오늘 우리 청년들의 운명과 무슨 상관이 있냐구요? 오늘의 청년들이 겪는 어려움은 한편으로는 이 황금 시기를 추동한 요인들이 거의 사라진 결과이며, 다른 한편으로는 이 시기에 일어난 경제적 사회적 변화의 결과인 동시에 이 시기에 배태된 부작용의 결과라는 점을 강조하고 싶습니다.

일자리 구조가 바뀌었습니다!

일반적으로 산업 구조의 변화는 사람들의 삶을 규정하는 가장 강력한 요인이며, 특히 노동시장에 새로 진입하는 청년들에게는 더더욱 그렇습니다. 우리나라 산업은 1980년대까지는 철강, 조선, 자동차 등 이른바 중후장대형 수출주도 제조업을 중핵으로 하고 있었습니다. 이에 따라 노동시장의 이념형은 대기업·정규직·연공서열을 핵심 요소로 하는 내부 노동시장이었고, 평생직장 개념이 표준이었습니다. 이는 일본의 모델을 가져온 것이기도 했습니다. 1987년 이래 강력하게 전개된 노동운동은 이러한 내부 노동시장을 돌이킬 수 없이 강화했습니다. 노총과 민노총은 대기업을 중심으로 기업별 노조에 근거해 노동운동을

전개했기 때문에, 대기업 중심의 내부 노동시장이 더욱 공고화
될 수밖에 없었던 것입니다.

이러한 노동시장 시스템은 노동시장에 언제 어떻게 진입하느
냐에 따라 그 이후의 삶이 완전히 달라지는 강한 경로의존성을
초래했습니다. 이 시기에 입직한 세대는 구조적 우위를 선점하
게 되고, 이후 세대는 자기 머리 위에 상사들이 가득한 구조적
제약을 떠안게 되었습니다. 세대 간 비대칭적 균열이 이미 이때
부터 형성되기 시작했습니다. 이때 노동시장에 신규 진입한 세
대가 바로 지금 청년들의 부모세대입니다.

이러한 노동시장에 새로운 충격을 가한 것이 1990년대 들어
본격적으로 전개되기 시작한 디지털 전환입니다. 정보통신기술
혁명은 일자리 구조를 많이 바꿨습니다. 현대자동차 울산 공장
의 경우 1995년과 2025년 사이 30년 동안 생산량은 1.5배가
늘었으나 노동자는 5,000명 정도 줄었습니다. 자동화·정보화 기
술은 노동의 숙련구조를 재정립했습니다. 이는 특히 생산관리·
재고·회계·설계 영역 등에서 그랬습니다. 숙련의 특정 방식이
경험에서 기능으로, 기능에서 데이터 기반 능력으로 전환하고,
채용 기준도 연공과 학력에서 직무 역량과 기술 숙련 중심으로
바뀌기 시작했습니다.

1980년대 이후 자유화 물결과 결합하며 기업 경영 전략도 바뀌었습니다. 유연화, 아웃소싱, 다운사이징, 구조조정 등등의 용어들이 사람들의 입에 무시로 오르내렸습니다. 불행히도 우리나라는 세계화와 ICT혁명이 요구하는 노동시장 유연화 압력을 비극적인 방식으로 소화해야 했습니다. 1997년의 외환위기를 경유하며 우리나라는 IMF의 요구에 따라 1998년 2월 노동법 개정을 통해 정리해고제와 근로자파견제를 도입했습니다. 많은 기업이 망하고 100만 명이 넘는 노동자가 일자리를 잃었고, 비정규직이 양산되었습니다.

하지만 대기업 중심의 내부 노동시장이라는 기본 구조는 아무 손상도 입지 않았습니다. 그 중심부는 유지·강화되었고, 주변부에서만 외주화와 비정규화가 격렬하게 일어났습니다. 이 시점부터 '계층화된 이중 구조(layered dualism)'가 고착되었습니다. 어쩌면 '이중의 이중 구조'라 해야 할지도 모르겠습니다. 대기업 정규직, 대기업 비정규직, 중소기업 정규직, 중소기업 비정규직 사이에는 임금 수준과 근로조건에 의미 있는 격차가 벌어지기 시작했기 때문입니다.

디지털 전환은 노동시장에 신규 진입한 청년들에게 새로운 자질을 요구했습니다. 지금까지 대학을 졸업한 청년들은 초급 일자리에 진입해 현장 학습을 하면서 경험과 숙련을 축적했지만, ICT 기반 업무는 청년들에게 '즉시 전력'이 되기를 요구했습니다. 따라서 청년은 경험이 없어 즉시 투입될 수 없기 때문에 채용이 꺼려지고, 또 채용되지 않았기 때문에 경험과 숙련을 축적할 수 없어 다시 채용되지 않는 악순환이 일어나기 시작했습니다. 노력을 하지 않아서 실패하는 것이 아니라 기회가 주어지지 않아 구조적으로 실패하게 되는 청년들이 급증하게 된 것입니다.

이 시기 청년들의 취업난은 교육과 일자리의 미스매치로 더욱 깊어졌습니다. 우리나라는 성공적인 산업 전환을 통해 2000년대에 ICT 기반 글로벌 가치사슬에 편입하면서 지식·정보 분야의 고숙련 노동 수요는 증가했지만, 제조업 일자리는 크게 줄기 시작했습니다. 교육이 산업 구조의 급격한 전환에 대응하지 못하면서, 대학 진학률은 세계 최고 수준이 되는데 청년 실업은 확대되는 역설, 그리고 학력은 올라가지만 임금과 직무 수준은 하락하는 과잉 교육과 과소취업의 병존이 나타나게 되었습니다.

2007년 아이폰이 몰고온 충격, 2010년대 중반의 4차산업혁명, AI혁명의 도래를 알린 2017년 알파고의 등장, 그리고 AI혁명의 문을 완전히 열어젖힌 2022년 챗GPT의 등장은 '이중의 이중 구조' 노동시장을 더욱 다층화 분절화시키고 있습니다.

20세기까지 노동의 위치는 기업 내부였지만 2010년대 이후에는 플랫폼, 프리랜스, 다중 소속 등 기업 외부로 퍼져나가기 시작합니다. 예전에는 '고용 계약' 일색이었지만, 지금은 '과업 계약(contract for work)'이 점점 더 많아지고 있습니다. 과거에는 임금이 시간과 연공에 의해 결정되었지만, 지금은 임금 기준이 건당, 성과, 평점으로 바뀌고 있습니다. 1980년대의 평생직장은 사라진 지 오래고, 2010년대 이후의 청년들은 단기 과업, 파트타임, 플랫폼 노동, 구직 준비가 병존하는 포트폴리오형 생계로 이동하고 있습니다.

AI혁명은 이러한 노동 해체 경향을 더욱 가속화하고 있습니다. 업무는 세분화되어 AI, 인간, 외주 사이에서 분배되고, 노동의 거래 단위는 직무(job)가 아니라 기술(skill)로 이동합니다. 과거에는 채용 시장에서 그 사람이 '어떤 직무'를 가졌느냐를 기준으로 거래가 이루어졌지만, AI와 디지털 전환이 가속화된 2026년 현재는 그 직무를 구성하는 '어떤 기술'을 보유했느냐가 새로운 기준이 되고 있습니다. 이를 '기술 기반 조직(skills-based organization)'으로의 전환이라고 합니다. 구글과 애플은 이미 수년 전부터 상당수 직군에서 4년제 학위 요구를 폐지했습니다. 대신

구글은 스스로 설계한 '구글 커리어 인증서(Career Certificates)'를 통해 특정 직무 기술(데이터 분석, 프로젝트 관리 등)을 습득한 사람을 직접 채용합니다. 이는 '대학 졸업장'이라는 패키지 대신 '검증된 기술'이라는 부품을 사는 방식입니다. IBM의 '뉴칼라(new collar)'는 학위보다 클라우드 컴퓨팅, 사이버 보안 등의 특화된 기술을 가진 인재를 채용하는 전략입니다. IBM은 전체 채용의 약 50%를 학위 무관, 기술 중심으로 진행하며 노동의 단위를 직업군에서 기술 단위로 쪼갰습니다.

이런 상황에서 빅테크들의 감원은 놀라운 속도로 진행되고 있습니다. 2025년에만 글로벌 테크 산업에서 약 24만 명 이상의 노동자가 일자리를 잃었습니다. 2024년의 약 19만 명에 비하면 급증 추세입니다. 2026년 1월과 2월 초 40일 동안에만 아마존, 세일즈포스 등 약 서른 개 기업에서 3만 명에 육박하는 감원이 단행되었습니다. 빅테크로부터 시작된 감원 돌풍은 전 세계 노동시장, 특히 선진국 노동시장에 큰 충격파가 될 것입니다. 노동 유연성을 통제하는 강한 규제법을 갖는 한국과 유럽에서는 이런 감원이 급속히 진행되지는 않을 것입니다. 대신 현대자동차의 아틀라스처럼 휴머노이드 로봇이 본격적으로 투입된다면 이제 대기업의 대규모 노동력은 점점 존재 가치를 잃을 수밖에 없습니다.

일반적으로, 세계 각국의 모든 노동 관련법은 근로자성과 사용자성의 명확한 정의에서 출발합니다. 20세기까지 이러한 정의는 완벽하지는 않다고 해도 노동세계를 규제하는 데 대체로 성공했습니다. 하지만 과학기술의 진보와 산업의 진화, 특히 긱경제와 플랫폼 노동의 등장에 따라 기존의 정의에서 어긋나는 일자리가 너무나 많아지고 있습니다. 우리나라의 경우 민주당과 민노총은 산업사회 패러다임에 기초해 근로자성의 확대를 통해 이 새로운 추세에 대응하려 합니다.

하지만 패러다임 자체의 전환 없이는 우리의 사회 시스템이 지속 가능하지 않아 보입니다. 각국에서 이 문제를 둘러싸고 큰 논쟁이 벌어지고 있습니다. 크게 보면 독자적인 비즈니스가 아니면 모두 근로자로 보는 캘리포니아 주의 근로자성 확대 논의와 이분법적 모델을 벗어나 중간적 지위로 인정하는 영국 등의 방향, 그리고 노동법이 아니라 사회보장법에 의해 플랫폼 노동자를 보호하려는 EU 등의 방향이 맞서고 있습니다. 하지만 어느 것도 정확히 이 문제를 정의하고 설정하지는 못합니다. 그래도 합리적으로 보이는 것은 EU 등에서 추진하는 보편적 권리 보장의 방향입니다. 사용자냐 근로자냐 하는 데 집중하는 것이 아니라 플랫폼 종사자의 사회적 권리를 강화하는 쪽으로 문제를 설정하는 것이 보다 실효성 있는 방향으로 보입니다.

수도권 일극체제의 확립과
청년들의 지방 탈출

수도권 집중은 어느 나라나 존재하며, 우리나라도 특히 1960년대 중반부터 경제개발이 본격적으로 진행되면서 서울 집중이 꾸준히 이루어졌습니다. 수출주도 산업화 전략을 추진하는 가운데 서울이 행정, 금융, 연구개발, 고급 서비스 등 경제 중추 기능을 담당하고 지방이 생산기지가 되는 이원 구조가 형성되기 시작했습니다. 경제개발이 경부축을 따라 진행되면서 부산이나 대구 같은 기존 대도시 이외에도 울산, 포항, 구미, 창원 같은 공업도시가 다수 형성되었지만, 서울과 수도권이 중추, 지방은 보완재로 기능했습니다. 이에 따라 이미 1970년대 말에 수도 이전의 목소리가 나오기 시작했습니다.

하지만 수도권 집중이 대한민국을 기형적 구조로 변질시킨 결정적 시점은 1990년대부터입니다. 대한민국 경제는 대기업 중

    AI시대, 대한민국 청년을 다시 세우다

심의 성장 전략으로 발전에 발전을 거듭했습니다. 거대 기업군들은 정규직, 장기 고용, 고임금·복지의 좋은 일자리로 중소기업들과 큰 격차를 보이기 시작했습니다. 특히 대기업 내에서도 좋은 일자리가 있는 곳은 본사, 연구소, 관리직이었고, 이들은 대부분 수도권에 소재했습니다.

시대적 흐름에서 더욱 중요한 요인은 디지털 IT시대로의 전환이었습니다. 혁신의 중요성이 강조되면서 인재와 돈의 중요성은 더욱 커졌습니다. 서울에 돈과 인재를 구하려는 경향 때문에 기업들이 서울에 몰려드는 추세는 한층 심화되었습니다. 이때부터 교육도 균형이 급격히 무너졌습니다. 지방 국립대학을 비롯한 좋은 대학들은 급격히 퇴조했고, 이른바 '인 서울'이라는 구호 아래 서울의 거의 모든 대학들이 부상했습니다. 서울에 있는 대학을 나오면 좋은 일자리에 입직할 가능성이 높아지므로 지방의 학생들도 같은 조건이면 서울에 있는 대학을 지방 국립대학보다 선호하는 경향이 커졌습니다. 이에 따라 사교육 시장도 수도권에 집중되었습니다. 그리하여 수도권 대학에 들어가면 수도권 대기업에 들어가고, 수도권에 정주하며 자녀들을 수도권 대학에 보내는 수도권 집중 메커니즘이 급속히 형성, 고착되었습니다.

세계화와 금융자본주의화도 본사와 금융·전문서비스의 수도권 집중, 그리고 외주·하청의 지방 혹은 해외 이전을 가속화했습니다. ICT산업은 특성상 집적 효과, 네트워크 효과, 넓은 인재 풀 등에 크게 의존합니다. 따라서 ICT산업의 수도권 집중은 수도권 일극체제의 중심 기제로 가동했습니다. 1980년대와 1990년대에 걸쳐 이러한 수도권 집중 메커니즘이 강력하게 작동하면서, 한때 경제개발의 한 축으로서 인구 400만에 근접했던 부산조차 1990년대 후반부터 현재까지 인구가 지속적으로 줄어들어 320만 명대로 하락했습니다.

한 세대에 걸친 수도권 집중 메커니즘은 세계에 유례가 없을 정도입니다. 서울이 포화 상태가 되자 기업과 삶의 터전이 서울 주변 지역으로 확대되며, 성남, 용인, 고양, 동탄, 부천, 안산, 인천 등이 커졌습니다. 이 수도권 일극체제는 세계에서도 으뜸입니다.

현재 수도권은 국토의 11.8%를 차지하고 있을 뿐인데도 인구 비중은 2025년 말 기준으로 51.02%입니다. 수도권의 경제 비중은 2015년에 50.3%를 차지하며 처음으로 50%를 넘긴 이후 조금씩 더 확대되어 2024년 기준 52.8%입니다. 수도권 일자리 집중도는 2023년 기준 58.4%에 이르며, 30대 대기업 90% 이상, 500대 대기업의 77%가 수도권에 위치해 있습니다.

교육 격차와 의료 격차도 심각합니다. 10대 종합대학교의

100%가 수도권에 소재하고 있고, 이른바 빅4 병원도 모두 서울에 있습니다. 2025년 8월 한국보건사회연구원의 발표에 따르면, 수도권 인구 1,000명당 필수의료 전문의의 숫자는 평균 1.86명인 반면, 비수도권은 0.46명으로 수도권의 4분의 1 수준에 불과했습니다. 필자가 단순히 수도권 집중이라 하지 않고 수도권 일극체제라 부르는 것은 이처럼 수도권 집중 메커니즘이 구조화되어 있고 수도권과 비수도권의 격차가 전방위적이기 때문입니다.

청년들의 수도권 집중은 1990년대부터 꾸준히 상승했지만, 증가세가 특히 가팔라진 것은 2015년부터였습니다. 한국은행에서 2023년에 출간한 〈지역간 인구이동과 지역경제〉에 따르면, 2015년에서 2021년까지 인구 변동은 대부분 청년 이동으로 일어났는데, 전체 인구 변동에 대한 그 비율이 약 80%에 이릅니다. 이 기간 수도권에서 증가한 인구 중 타 지역으로부터의 청년층 유입이 차지한 비율은 78.5%였고, 동남권, 대경권, 호남권의 인구 감소 중 청년층 유출이 차지한 비율은 각각 75.3%, 77.2%, 87.8%였습니다.

이 수치들이 뜻하는 바는 너무나 분명합니다. 경상남북도와 전라남북도의 청년들이 대거 서울과 수도권으로 몰려들었다는 뜻입니다. 충청남북도의 경우 수도권과 인접해 있고 일부 연담화 효과와 세종시 건설 및 대기업 유입 등의 요인으로 청년들의 유출이 상대적으로 적지만 청년이 줄어드는 흐름은 다르지 않습니다.

수도권 집중은 여러 가지 폐해를 낳고 있지만, 가장 큰 폐해는 초저출생입니다. 서울은 그 자체로 초과밀 초스트레스 소굴입니다. 인구학자 조영태 서울대 교수는 전 세계적으로 인구 과밀과 초경쟁 도시가 출생률이 낮다는 것은 일반적으로 확인되는 현상이라 말합니다. 동물도 좁은 데 많이 넣어 놓으면 본능적으로 새끼를 덜 낳는다고 합니다. 사람도 마찬가지입니다. 혼자 살기도 빡빡한데 가족과 자녀를 가지는 것을 회피하는 현상, 또는 삶의 전략으로서 결혼과 출산을 지연하는 전략이 심화되는 것은 당연합니다. 2023년 국회미래연구원 조사에 의하면 수도권 청년들의 삶의 만족도가 지역 대도시 청년들의 삶의 질 만족도보다 오히려 낮았습니다. 이 또한 수도권의 초스트레스 상황을 반영하는 것입니다.

합계 출산율의 차이도 이를 설명합니다. 2023년 우리나라의 합계출산율은 전국적으로 0.72였고, 서울은 0.55명으로 꼴찌였습니다. 지방에서 서울로 올라온 청년이 100명이 있다고 가정할 경우, 아주 단순하게 생각해서 이들이 지방에 그대로 머물러 있었다면 72명의 아이를 가지겠지만 서울에 올라오면 55명의 아이밖에 가지지 않는 것입니다. 이렇게 보면 서울은 인구학적 블랙홀이 되어 대한민국의 청년들을 빨아들여 그들의 결혼과 출산을 막고 서서히 미래세대의 씨를 말리고 있다고 할 수 있습니다.

2015년은 공교롭게도 여러 가지 측면에서 의미심장한 해였습니다. 수도권의 생산 비중(50.3%)이 처음으로 절반을 넘기기 시작한 첫해였습니다. 또한 우리나라 경제성장률이 세계 경제성장률보다 낮아지기 시작한 첫해이기도 했습니다. 그리고 우리나라 황금 인구 구조가 막을 내리는 시점도 이 무렵이었습니다. 경제 발전에 유리했던 항아리형 인구 구조가 저출산고령화와 함께 필연적으로 역피라미드형 인구 구조로 바뀌어 나가는 적신호가 켜진 해입니다.

우리나라의 2030세대는 세계에 전례가 없는 급진적 인구 구조 변화가 초래한 엄청난 부담을 지는 첫 세대라고 할 수 있습니다. 하지만 그들이 마주한 사회경제적 여건은 그들의 부모 세대보다 결코 희망적이지 못합니다. 부모 세대가 기회 구조가 급속히 확대되는 시기에 청년 시대를 보냈다면, 이들은 기회 구조가 쪼그라드는 시기에 청년 시절을 맞고 있습니다. 그들은 대한민국 역사상 부모 세대보다 더 힘겹게 청년 시대를 지나야 하는 최초의 세대가 될지도 모릅니다.

2030의 삶의 조건

한 세대에 걸친 눈부신 경제발전 뒤에 찾아온, 그리고 ICT혁명, 4차산업혁명, AI혁명이 열어젖힌 이 새로운 세계에서 현재의 2030은 그들의 부모와는 전혀 다른 세상을 살고 있습니다. 문명의 이기는 참으로 화려해졌습니다. 그 가운데 네 삶은 네가 책임져야 한다고 하는 삶의 개인화 명령(이것이 현대화의 본질입니다만)은 더욱 강해졌습니다. 하지만 내 삶을 내가 책임질 수 있는 조건을 확보하는 것은 너무나 좁은 문이 되었습니다.

기성세대에게 삶은 대체로 성장과 개선의 서사였습니다. 열심히 공부하고 노력하면 대학에 가고 졸업하면 취직하고 결혼해서 가정을 이루고 근면하게 일해 저축하고 집을 사서 행복한 삶을 영위한다는 중산층의 서사는 삶의 표준적인 모델이었습니다. 하지만 얼마 전까지도 유효했던 이 표준적인 성장 서사는 2030에게는 옛 이야기가 되고 말았습니다. 이것은 단순히 경기 침체

　　　　　　　　

로 표준적 삶의 경로가 일시적으로 흔들리는 것이 아닙니다. 삶
의 구조적 변화로 인해 생애 전망 자체가 불투명해지고 기존의
경로가 상실된 것이라 봐야 합니다.

1980~90년대 대졸 청년의 첫 일자리는 대체로 정규직이었
고, 한 번 진입하면 장기 고용이 전제되었습니다. 반면 오늘날
청년의 노동시장 진입 경로는 비정규·단기·플랫폼 노동이 기본
값입니다. 다수의 2030은 정규직 사회의 바깥에서 출발합니다.
취업을 해도 자신이 바라는 직업과 현실에서 마주하는 직업의
불일치가 커 고용 불안이 그들을 쫓아다닙니다. 사실 청년층 내
에서도 부모의 부와 경제력이 어느 정도 되느냐가 계급을 나누
는 더욱 중요한 기준이 되어버렸습니다. RRS(세대 간 대물림 정도를
보여주는 소득백분위 기울기)를 이용한 한국은행의 최근 실증 연구
결과가 이를 뚜렷이 보여주고 있습니다. 1970년대생까지는 본인

<표 3> 세대별 RRS 변화

구분	1970년대생	1980년대생 이후*	의미
소득 RRS	0.11	0.32	부모 소득 순위가 자녀 소득에 미치는 영향이 세 배 증가
자산 RRS	0.28	0.42	자산(부동산 등)을 통한 계층 고착화가 소득보다 더 강력함

* '1980년대생 이후'는 '현재 청년층' 포함

의 노력(개천에서 용 나기)이 통용되던 시대였다면, 현재의 청년층은 태어난 환경이 경제적 지위를 결정하는 경향이 압도적으로 강해졌습니다.

부모의 경제력은 단순히 돈을 물려주는 것을 넘어, 청년이 노동시장에 진입하는 '과정의 불평등'을 야기합니다. 첫째, '취업 준비 기간의 양극화'가 일어납니다. 고소득층 자녀는 부모의 경제적 지원을 바탕으로 더 긴 시간 동안 이른바 '괜찮은 일자리'를 탐색할 여유를 가집니다. 이는 결국 생애 첫 임금의 상승으로 이어집니다. 반면 저소득층 자녀는 당장의 생계를 위해 낮은 수준의 일자리에 조기 입직하게 되며, 이는 장기적인 임금 격차로 고착되는 '상흔 효과'를 낳습니다. 둘째, '인적 자본의 투자 격차'가 심화됩니다. 실증 연구에 따르면, 부모의 소득 수준은 자녀의 대학 전공 선택 및 취업 준비 비용 지출과 직결됩니다. 부모의 소득이 높을수록 사교육과 네트워크 면에서 유리할 것이기 때문입니다. 의·약학 계열 등 고소득 전문직 진입 확률은 부모의 경제적 지원 여부에 따라 최대 세 배 이상 차이 나는 것으로 나타났습니다.

이는 '계층 이동의 사다리' 실종이라는 사회 현상으로 귀결됩니다. 특히 지방 거주 청년의 계층 고착화 현상이 심각히 우려됩

AI시대, 대한민국 청년을 다시 세우다

니다. 비수도권 출신 청년 중 부모 소득이 하위 50%인 경우, 본인도 하위 50%에 머물 확률이 과거 50%대에서 최근 80% 이상으로 급등했습니다. 이는 지역 불균형이 부의 세습과 결합해 '가난의 대물림'을 강화하고 있음을 뜻합니다. 이와 함께 청년층 내에서 자산 격차가 전례 없이 벌어졌습니다. 2026년 초 통계에 따르면, 청년층 내 상위 20%와 하위 20%의 자산 격차는 역대 최대치를 기록했습니다. 근로 소득만으로는 도저히 따라잡을 수 없는 '부동산 및 증여 자산'의 차이가 청년들 사이의 심리적 박탈감과 '이생망(이번 생은 망했다)' 정서를 심화시키는 핵심 동인이 됩니다.

결국 한국의 청년층 내에는 개천에서 용 나는 세대 간 상향 사회이동의 벽은 어느 때보다 높아지고 상층 계급과 하층 계급이 고착화되는 현상이 나타나고 있습니다. 그래서 프리터와 N잡러가 일상화합니다. 평생직장 개념이 사라지고, 플랫폼 노동이나 단기 아르바이트로 생계를 유지하는 청년이 늘고 있습니다. 그런 만큼 좋은 첫 직장에 대한 갈망은 더 커집니다. 첫 직장이 중소기업일 경우 대기업으로의 이직이 어렵다는 '낙인효과'에 대한 공포도 커집니다. 이로 인해 졸업 후에도 장기간 취업 준비 상태(NEET)에 머무르거나, 공무원 시험 등에 매달리는 현상이 지속됩니다.

역사상 가장 고스펙으로 취업에 성공해도 일류 대기업 일자리가 아니면 계층 이동의 희망은 높지 않습니다. 고물가와 자산 가격 폭등은 노동 소득의 가치 자체를 하락시킵니다. 근로 의욕은 떨어집니다. 그리하여 퇴사한 것과 다름없이 최소한의 일만 하는 '조용한 퇴사(quiet quitting)', 무기력 속에서 업무 수행을 하는 '조용한 균열(quiet cracking)', 감정적 보복을 위해 갑자기 사직하거나 회사에 해를 끼치며 사직하는 '복수 퇴사(revenge quitting)' 같은 현상이 나타납니다. 고용 안정성이 없는 상태에서의 소득은 미래를 계획하는 데 사용되기보다 현재의 소비로 소진되기 일쑤입니다.

자산 격차는 2030의 세계관을 형성하는 가장 강력한 요인입니다. 부모 세대가 자산을 축적한 핵심 수단은 단연 부동산이었습니다. 1987년 이후 장기적으로 이어진 주택 가격 상승은 이 세대에게 막대한 자산 증식을 가져다주었습니다. 반면 청년들은 부모들이 만들어 놓은 부동산 세계에서 자기들 앞에 수직으로 치솟아 있는 주거 사다리를 보고 절망합니다. 그것은 다음 단이 너무 높아 다리를 아무리 뻗어도 올라갈 수 없는 무늬만 사다리일 뿐입니다.

2025년 가계금융복지조사에 따르면 2025년 3월 31일 기준으로 가구주 30대(39세) 이하 가구의 평균 자산은 약 3억 1천만 원, 40대 가구는 6억 3천만 원, 50대 가구는 6억 6천만 원, 60세 이상은 6억 원이었습니다. 문제는 단순한 격차가 아니라 격차의 성격입니다. 40대, 50대, 60대의 자산은 부동산 비중이 각각 73.8%, 75.1%, 81.3%인 반면, 39세 이하는 58.9%였습니다. 30대 이하는 금융자산과 부채가 동시에 늘어나는 구조인데, 자산에 대한 부채 비율(재무건전성)은 30.3%로, 40대의 22.8%, 50대의 16.7%, 60대 이상의 10.8%보다 훨씬 높습니다.

30대 이하의 부채는 이미 학자금 대출에서부터 시작되었을 확률이 높습니다. 그 후에는 또 다른 청년의 통과의례인 전세자금 대출을 통해 부채는 계속 늘어났을 것입니다. 2030에게는 자산 축적이 아니라 생존을 위한 차입이 일상화됩니다. 노동을 통해 자산을 축적하기 이전에 이미 금융 시스템에 깊이 편입되는 것입니다.

또한 청년들은 부동산 상승기에 '영끌'을 통해 자산 증식을 시도하지만 심각한 자산 손실로 영혼을 다시 털릴 각오를 해야 합니다. 안정적인 자산 증식 경로가 막힌 상황에서, 가상화폐나 해외 주식 등 고위험·고수익 자산에 대한 투자는 선택이 아닌 필수가 됩니다. 이는 청년들에게 주어진 비합리적인 상황에서 '한 방'을 노릴 수밖에 없는 절박한 심리를 대변합니다.

수도권 아파트 중위가격이 청년들의 소득으로는 쳐다볼 수도 없는 상황이 되면서 청년의 주거 선택지는 제한됩니다. 부모와 동거 기간은 길어졌고, 결혼과 출산은 자연스럽게 뒤로 밀립니다. 독립은 성취가 아니라 위험이 되었고, 주거는 삶의 기반이 아니라 불안의 원천이 되었습니다. 부모 세대에게 집은 노동의 결과였지만, 청년에게 집은 정치와 정책의 결과가 되었습니다.

꿈을 찾아 지방에서 서울과 수도권으로 올라온 2030에게는 안타깝게도 훨씬 더 빡빡한 삶이 기다리고 있습니다. 앞에서 말했듯이, 수도권 청년들의 삶의 질 만족도 전국에서 가장 낮았습니다. 그도 그럴 것이, 지역에서 올라온 청년들이 금수저 자녀가 아닌 이상 직장을 얻는다 해도 집 갖기가 힘들고 출퇴근 시간은 길어지고 무엇보다 사회적 관계의 지지와 응원을 받기 힘듭니다. 이런 현실이 수도권 청년들의 소외감과 상대적 박탈감을 높이는 요인이었을 것입니다. 이런 상황에서 청년들이 대응하는 양식은 결혼과 출산을 미루는 것이고, 한 걸음 더 나아가면 혼자 살기로 마음먹는 것입니다. 초저출생이 수도권 일극체제와 분리될 수 없는 이유가 여기에 있습니다.

2030의 인식과 문화

전쟁과 기아를 직접 겪었거나 그 여파에서 자유롭지 않았던 60대 이상의 세대에게 요즘 청년들의 인식과 문화를 제대로 이해해 주길 바라기는 어렵습니다. 단군 이래 최대의 풍요를 누리고 있는 시대에 태어나 무슨 불만이 그리 많은지 도무지 모르겠다는 분들도 많습니다. 하지만 노인세대에게 전쟁과 기아가 그들의 문화와 의식을 결정지었듯이, 위에서 보았던 삶의 경제적 사회적 조건들의 변화와 과학기술의 발전은 청년들의 문화와 의식을 이전 세대와는 다른 방식으로 만들어내고 있습니다.

2030은 무엇보다 '디지털 네이티브'입니다. 인터넷, 스마트폰, 소셜 미디어가 삶의 전제조건인 세대입니다. 이것이 그들의 인식 세계에 강력한 영향을 미칩니다. 인터넷과 AI는 청년세대에게 단순한 '도구'를 넘어 '사고의 운영체제(OS)'가 되었습니다. 아날로그와 디지털을 병행했던 기성세대와 달리, 지금의 청년과 알파세대는 모든 판단의 근거를 데이터와 알고리즘에서 찾습니다. 과거에는 어떤 문제가 발생하면 전문가가 이 문제의 원인을 설명하고 이 문제가 어떤 결과를 낳을지를 예측합니다. 사람들은 전문가의 말에 귀를 기울이고 결과가 나올 때까지 일정한 시간을 기다립니다.

하지만 지금은 문제의 설명과 결과의 확인이 전혀 다르게 진행됩니다. 인터넷을 통해 검색하면 문제의 원인을 알 수 있고 원인에 대한 설명이나 결과에 대한 예측이 다양하면 비교와 반박이 가능해 즉시 판단을 내릴 수 있습니다. 전문가의 설명을 듣는 시대에서 검증하고 확인하는 시대로 바뀌는 것입니다. 청년들은 '확인 가능한 세계'에서 사고하도록 사회화됩니다. 이에 따라 기존에 존재하던 전문가-일반인의 위계는 허물어집니다. 따라서 청년들은 권위 있는 전문가나 레거시 언론보다 검증 가능한 자료와 집단지성을 더 중시하게 됩니다. 기성세대가 '경험의 권위'를 중시한다면, 청년세대는 '알고리즘의 정교함'을 더 신뢰하는 경향을 보이는 것입니다.

또한 즉시 확인 가능한 세계에서 살다 보니 즉각성과 가시성을 중시합니다. 이에 따라 느린 제도 개혁보다 당장 체감되는 변화를 선호하게 됩니다. 과거세대가 텔레비전 등 대중매체를 통해 공통된 문법을 공유했다면, 청년세대는 각기 다른 알고리즘 섬에 갇힌 '초개별화된 부족 문화'를 형성합니다. 유튜브나 틱톡의 '추천 피드'가 대표적입니다. 특정 정치적 성향이나 취미에 빠지면, 알고리즘은 그와 관련된 극단적인 콘텐츠까지 계속 노출

합니다. 이에 따라 정보 접근의 전통적 위계가 무너지고 즉각성과 가시성이 중시되면서 진정한 의미의 공론장은 사라지고 알고리즘적 공론장이 형성됩니다. 공론장의 부족화(tribalization)가 일어나는 것입니다.

알고리즘적 공론장은 신문·방송처럼 공통의 의제가 위에서 내려오는 공간이 아니라 플랫폼 알고리즘이 개인의 반응(클릭·체류·공유)을 기준으로 노출을 조정하는 공론장입니다. 무엇이 중요한가가 아니라 무엇이 즉각 반응을 끌어내는가가 공론의 중심을 결정합니다. 알고리즘은 사람을 설득하려 하지 않고 이미 반응하는 사람에게 그 반응을 강화하는 콘텐츠를 더 많이 보여줍니다. 따라서 서로 다른 알고리즘 버블, 서로 다른 사실, 서로 다른 분노 지점이 형성됩니다. 즉각적이고 가시적인 콘텐츠는 자기 집단 내부에서는 증폭되지만, 다른 집단과는 연결되지 않습니다. 공론장은 확대되지 않고 잘게 분절화됩니다. 그에 따라 소통은 부족 안에서만 진행되지 부족을 넘어서 진행되지 않습니다. 부족 간 경계는 강화되고, 이것이 부족 간의 정치적 적대를 강화할 개연성은 매우 높습니다. 알고리즘이 통합의 수단이 아니라 분열의 기제가 됩니다.

이와 함께 현실과 가상의 경계 붕괴라고 하는 이른바 '다중

인격 현상(멀티 페르소나)'도 나타납니다. 디지털 원주민인 청년들에게 온라인상의 정체성은 오프라인만큼이나 실재적인 의미를 가집니다. 대면적 사회관계에서는 매우 온순한 사람들이 댓글을 달 때는 폭력적이고 적대적인 언어를 가감 없이 사용하는 경우가 비일비재합니다. 또 다른 면에서는 온라인에서 자아실현하려는 경향도 강해집니다. '본디(Bondee)'나 '제페토(Zepeto)' 같은 메타버스 플랫폼에서 자신의 아바타를 꾸미고 소통하는 행위는 단순한 놀이가 아닌 실질적인 자아실현입니다. 현실의 나는 평범한 학생이지만, 온라인에서는 수만 명의 팔로워를 거느린 인플루언서나 창작자로 활동합니다. 과거세대가 온라인을 '가짜 세계' 혹은 '현실의 보조 수단'으로 보았다면, 청년세대는 '현실의 확장'이자 '다양한 자아를 실험하는 공간'으로 인식합니다.

디지털 AI시대 청년들의 또 다른 중요한 문화적 특징으로, 청년들이 갈수록 '개인화된 생존 전략'을 취하게 된다는 점을 들 수 있습니다. 그들은 이전 세대와 달리 '고도성장-정규직 확대-자산 축적'이라는 집단적 상승 경로에 올라타지 못했습니다. 많은 청년들이 경험하는 것은 학력 인플레이션, 주거 사다리 붕괴, 불안정 노동의 상시화입니다. 이에 따라 성공은 구조의 문제가 아니라 개인 전략의 문제가 되고, 청년들은 자기 계발에 과도한 투자를 요구받게 됩니다. 또한 리스크 회피는 청년들의 필수적 생존 전략이 됩니다. 장기적 리스크 요인이 될 수 있는 결혼이나 출산, 그리고 특정한 조직의 틀 속에 들어가는 것에 신중할 수밖에 없습니다.

생존 경쟁이 치열하다 보니 공정성에 집착하는 것도 2030의 주요한 문화적 특징입니다. 결과의 평등보다 출발선과 규칙의 공정성에 민감하게 반응합니다. 이른바 청년세대 내의 성 갈등도 이에 대한 예민함에서 비롯된 것이라 할 수 있습니다. 남녀가 똑같은 공정성을 말하면서도 그 내용은 아주 다릅니다. 2030 남성의 인식을 규정하는 가장 강력한 요인은 병역의무입니다. 강제적으로 오랜 기간에 걸쳐 기회비용을 빼앗아 가는 병역의무에 대해 그들은 국가가 개인의 시간을 일방적으로 징발한다고 느낍니다. 그들은 취업 시장에서도 다양한 여성 우대 조치나 기타의 소수 우대 조치에 상대적 박탈감을 느낍니다. 그들에게 국가는 나에게 비용을 부과하지만 보상을 해줄지는 불확실한 존재로 인식됩니다.

반면 2030 여성들은 교육과 노동시장에서 성차별을 경험하고 경력 단절 위험을 조기에 인식합니다. 따라서 그들은 자신의 경험을 '구조적 차별'의 언어로 설명하게 됩니다. 그들에게 국가는 잠재적으로 나를 보호해 줄 수 있는 개입자로 인식됩니다. 따라서 남성에게 공정이란 무엇보다 규칙의 동일한 적용을 의미하며, 여성에게 공정이란 구조적 불리함의 교정을 의미합니다.

2030의 또 다른 중요한 문화적 특징은 '도덕적 급진성과 생활의 보수성이 공존'한다는 것입니다. 그들은 문화와 의식에서는 차별에 반대하고, 위계와 특권을 거부하며, 약자 보호를 주창하고, 표현의 자유에 극히 민감합니다. 도덕과 가치 면에서는 기성세대에 비해 자유분방하다는 점에서 진보적입니다. 반면 돈, 세금, 부동산, 연금, 병역 문제 등에서는 매우 계산적이고 보수적이며, 실패 비용이 큰 결혼, 출산, 창업에 대해서는 매우 신중합니다. 도덕적 진보성과 생활의 보수성은 표면적으로 보면 모순이지만 그들이 처한 삶의 조건을 고려하면 더 이상 모순이라고 볼 수는 없을 것입니다.

2030은 변화가 일상화된 불확실한 세계, 구조적 안전망이 붕괴된 사회에서 살고 있습니다. 지속적 성장이 이루어진 시기에는 분배가 보장되었고 구조적 안전망이 원활하게 작동했습니다. 회사, 노조, 정당 등 조직이 개인을 보호해 주었습니다. 실패를 해도 회복이 가능했습니다. 따라서 도덕과 생활이 함께 갈 수 있었습니다.

반면 2030은 성장이 정체되고 자산, 노동, 주거의 사다리가 붕괴된 사회에서 살아갑니다. 각자도생할 수밖에 없습니다. 한 번 실패하면 회복하기도 쉽지 않습니다. 그들은 세상이 불의하고 불공정한 구조라고 느낍니다. 따라서 이 불의한 구조를 해석하고 설명하는 틀은 진보적이기 쉽습니다. 반면 실패의 대가가 너무 크기 때문에 생활에서는 극히 계산적이고 보수적이어야 합니다. 도덕에서는 '구조'가, 생활에서는 '개인적 선택'이 우선시 됩니다. 도덕에서는 보편주의자이고, 생활에서는 개인주의자입니다. 2030은 옳음에 대해서는 누구보다 급진적이지만, 자기 인생을 걸어야 하는 선택에서는 누구보다 보수적인 세대입니다. 이는 불안정한 사회에서 나름의 합리성을 가진 생존 전략이라 할 수 있습니다.

2030의 정치의식

우리나라 정치는 1987년 민주화 이전에는 민주/독재의 구도로 전개되었고, 민주화 이후에는 노태우 정부 때 민주/독재 구도와 보수/진보 구도가 혼재하다가 김영삼 정부 때부터 점점 더 보수/진보 구도가 강화되었습니다. 지금의 실존적 극단적 보수/진보 대립은 앞에서 보았듯이 노무현 정부 때 시작되었습니다. 하지만 2030에게 이 대립은 점점 더 적실성을 잃고 있습니다.

기존의 기준으로는 2030 사이에 광범위한 탈이념화가 일어나고 있습니다. 그들은 이념적 명분보다 '나의 이익'과 '실용'을 투표의 기준으로 삼습니다. 따라서 기존의 이념적 분할선에 따라 형성되어 있는 정당에 대한 소속감은 나날이 사라져 가고, 무당층 비율이 급증하고 있습니다. 그들은 선거 때마다 사안에 따라 지지 정당을 바꾸는 '스윙 보터' 성향이 강합니다. 부동산, 코인 과세, 병역 제도, 입시 공정성 등 자신의 삶에 직접적 영향을 미치는 구체적 사안에 따라 표심이 움직입니다. 실제로 최근의 각종 여론조사에 따르면, 20대와 30대의 정치적 소속감은 역대 최저 수준을 기록하고 있습니다. 무당층 비율이 20대(만 18~29세)의 경우 40%를 상회하며, 30대 역시 30~35% 내외의 높은 무당층 비율을 유지하고 있습니다. 이는 5060세대의 무당층 비율(약 10~15%)과 비교하면 압도적으로 높은 수치입니다. 이들은 스윙 보터일 뿐 아니라, 선거 직전까지 결정을 미루는 '샤이(shy) 유권자' 혹은 '라스트 미닛(last-minute) 유권자'일 수도 있습니다. 이들이 선거 결과의 승패를 결정짓는 '캐스팅 보트' 역할을 수행할

   AI시대, 대한민국 청년을 다시 세우다

수 있다는 것입니다.

2030은 이념적으로 보수라도 환경 문제에는 진보적일 수 있고, 진보라도 경제 정책에서는 시장 친화적일 수 있는 복합적인 성향을 보입니다. 모든 불의에 분노하지도 않습니다. 나의 이익을 침해하거나, 내가 중요하게 생각하는 '공정의 룰'을 어기는 사안에 대해서만 선택적으로, 그리고 폭발적으로 분노합니다. 이는 연대 의식보다는 각자도생의 생존 본능이 앞서기 때문입니다.

다른 한편, 현재의 제도 정치에 대한 불신과 혐오가 깊습니다. 기성 정치권을 자신들의 기득권만 챙기는 카르텔로 규정합니다. 투표는 지지하는 후보를 당선시키기 위해서가 아니라, '더 싫은 후보를 떨어뜨리기 위해(negative voting)' 혹은 '나를 화나게 한 정당을 응징하기 위해(vengeful voting)' 행해집니다. 반면 이러한 투표 성향 뒤에는 효능감의 부재와 학습된 무력감이 자리하고 있습니다. "투표해 봤자 바뀌는 게 없다"는 인식입니다. 그들의 쿨한 모습 뒤에는 "이번 생은 망했다"는 절망과 우울함이 깔려 있습니다.

2030의 탈이념화가 모든 이념에서 벗어난다는 것을 뜻하지는 않습니다. 인간은 근원적으로 이념적인 동물입니다. 청년들의 탈이념화는 기존의 보수/진보의 틀에서 상대적으로 자유롭다는 뜻이지 무이념을 가리키지는 않습니다. 자유와 평등은 인류의 영원한 기본적 이념 축일 것입니다. 하지만 2030은 그들의 삶의 조건으로 인해 자유와 평등이라는 기준선에 상당한 변형을 가하고 있습니다.

그들은 태생적으로 자유인이지만, 그들의 최고 가치는 '공정'입니다. 한국사회학회 및 서울대 사회발전연구소의 조사(2023~25)에 따르면 "우리 사회에서 가장 중요한 가치가 무엇인가"라는 질문에 2030세대의 70% 이상이 '기회의 공정성'을 꼽았습니다. 이는 '경제적 평등(복지)'이나 '민주주의적 가치'를 우선시했던 이전 세대와 뚜렷한 차이를 보여주는 것입니다. 또한 한국리서치가 공정성에 대한 민감도를 측정했을 때, 20대와 30대는 '노력에 따른 정당한 보상'이 주어지지 않는 상황에 대해 전 세대 중 가장 높은 분노 수치를 기록했습니다. 그들은 공정에 강박적 집착을 보입니다. 각자도생이 인간 조건인 상황에서 같은 출발선에서 출발하고 경기의 규칙도 모두에게 골고루 적용되어야 합니다. 누구에게도 어떤 특혜와 특권도 주어질 수 없습니다. 결과는 개인의 능력과 노력에 의해서만 결정되어야 합니다. 따라서 그들이 말하는 공정은 결과의 평등이 아니라 기회와 절차의 평등입니다. 그들은 시험 잘 본 사람이 합격하고, 능력 있는 사람이 더 많이 가져가는 것을 정의로 여깁니다. 청년들의 정당 지지도가 진보에서 보수 우위로 역전되는 계기가 된 것이 바로 조국 사태였습니다. 가장 정의로운 척했던 사람의 불공정 비리를 보며 청년들은 위선 진보에 대해 등을 돌렸습니다. 이들은 낙하산 인사, 입시 비리뿐 아니라 인천국제공항 비정규직의 정규직 전환 등 노력의 가치를 훼손하는 사건에 대해 폭발적인 분노를 표출합니다.

국가에 대한 태도도 공정이라는 기준에 의해 좌우됩니다. 2030은 국가가 최소한의 안전망 제공자이자 공정한 심판자이기를 기대합니다. 이 기대를 충족시키는 정부는 공정한 정부일 것입니다. 하지만 국가는 대체로는 기성세대의 이익을 고착화시키는 존재, 미래세대에게 부담을 떠넘기는 존재로 인식됩니다. 지금까지 국가를 둘러싼 정치적 논쟁은 "큰 정부인가, 작은 정부인가"였습니다만, 2030에게는 "공정한 정부인가 불공정한 정부인가"가 더 중요합니다.

성 갈등: 공화주의적 부담 분담이 답

　공정의 기준을 두고 여성과 남성이 다르게 해석한다는 것은 이미 거론한 바 있습니다. 남성의 경우 병역의무 문제를 내세우며 거의 모든 여성 우대 정책에 반대합니다. 여성의 경우 유무형의 구조적 장벽과 안전 문제를 부각시키고 출산이라는 생물학적 불리함까지 거론하며 여성 우대 정책을 주장합니다. 이와 같은 이유로 청년세대 남성과 여성은 선거 때마다 다른 투표 성향을 드러냅니다.

　동일한 시대를 살고 있는 청춘 남녀들이 양성평등 문제를 두고 깊은 갈등에 휩싸이는 것은 불행한 일입니다. 이 문제를 해결하는 첫걸음은 지금처럼 누가 더 차별받고 있는지를 분별해서 책임 지우려는 태도에서 벗어나는 것입니다. 대신 국가와 사회가 오랫동안 남성과 여성의 특정 집단에 공동체의 유지를 위해 구조적 부담을 지워왔음을 인정하고, 이 부담을 어떻게 분담하고 어떻게 보상할 것인지를 논의하는 것에서 출발해야 합니다. 이 점을 분명히 하지 않는 한, 페미니즘을 수용하든 거부하든 성 갈등은 결코 해소되기 어려울 것입니다.

　여성은 출산과 육아, 돌봄과 경력 단절이라는 사회 유지 비용을 개인의 선택처럼 떠안아 온 것이 사실입니다. 이 부담은 사적 영역에서 은폐되어 왔고, 그 결과 노동시장과 정치 과정에서 구조적 불이익으로 작동해 온 것도 부인할 수 없습니다. 그러나 이 사실이 곧바로 오늘날 2030 남성이 모든 보정 비용을 감내해야 한다는 결론으로 이어지지는 않습니다. 이 지점 언저리에서 발생하는 인식의 격차와 단절이 바로 현재의 성 갈등입니다.

2030 남성의 불만 역시 단순한 피해의식이나 퇴행적 반동으로만 치부할 수는 없습니다. 그들은 병역이라는 공적 의무를 수행하면서도, 그로 인한 시간 손실·기회 비용·경력 단절이 시민적 기여로서 제대로 인정받지 못하고 있다고 느낍니다. 문제는 병역 그 자체가 아니라, 병역이 개인의 생애에 남긴 손실이 정치적·제도적으로 무시되어 왔다는 점입니다. 2030 남성의 입장에서 여성 우대 정책이 강화될수록 이러한 박탈감은 더 커집니다. 하지만 이러한 불만은 여성에 대한 적대라기보다, 국가의 제도 설계에 대한 항의에 가깝습니다.

이 지점에서 필요한 것은 차별 담론이 아니라 공화주의적 부담 분담의 논리입니다. 공화주의는 시민을 권리의 수혜자이자 공동체 유지의 책임 주체로 이해합니다. 즉, 사회가 존속하기 위해 필요한 부담은 특정 집단의 미덕이나 희생에 의존해서는 안

되며, 공적으로 인식되고 공정하게 보상되어야 한다는 것입니다. 병역과 돌봄은 서로 대립하는 특권 혹은 피해가 아니라, 국가와 사회가 시민에게 각각 다르게 부과해 온 공적 부담입니다.

따라서 해법은 한쪽의 부담을 부정하거나 다른 쪽의 불만을 침묵시키는 데 있지 않습니다. 오히려 병역은 명시적이고 환산 가능한 시민 기여로 재정의되어야 하고, 출산과 돌봄 역시 개인의 선택이 아니라 사회적 기능 수행으로 공식화되어야 합니다. 중요한 것은 성별이 아니라 실제 부담의 발생 여부와 규모입니다. 부담을 졌다면 성별과 무관하게 보상받아야 하고, 부담을 지지 않았다면 자동적 우대도 정당화될 수 없습니다.

예컨대 현재 시행 중인 '병사 월급 현실화'를 넘어, 전역 후 자산 형성 지원이나 사회 진입 시의 크레딧 부여를 '성별'이 아닌 '병역 이행 여부'에만 결부시킵니다. 군을 다녀온 여성(부사관 등)도 동일한 혜택을 받고, 징집 면제를 받은 남성은 받지 않는 구조입니다. 또한 출산과 육아를 위해 경력이 단절되거나 노동 공급을 줄인 시민에게, 그 '사회적 기여분'을 연금 크레딧이나 직접적 수당으로 보전할 수 있습니다. 돌봄의 가치를 인정해 수당화하는 것도 방법입니다. 가사 노동과 돌봄이 경제적 가치(GDP)에 포함되지 않았던 산업사회 패러다임을 깨고, 이를 '돌봄 노동 시

간'이라는 단위로 측정하여 사회적 보상을 제공하는 체계를 점
진적으로 마련할 수도 있습니다. 이는 저출생에 대한 대책이기
도 합니다.

이러한 관점에 따른 정책들은 성 갈등을 정체성 정치에서 생
애 정치로 전환시킵니다. 불이익은 남성이나 여성이라는 정체성
그 자체에서 발생하는 것이 아니라, 병역기, 출산기, 돌봄기와 같
은 특정 생애 구간에서 집중적으로 발생합니다. 국가의 역할은
이 구간에서 발생하는 손실을 개인 책임으로 방치하지 않고 보
상하는 것입니다. 이것이 가능할 때, 성 갈등은 도덕적 비난의
문제가 아니라 조정 가능한 정책의 문제가 됩니다.

결국 2030 성 갈등의 이론적 해법은 어렵지 않습니다. 남성
과 여성 중 누가 더 피해자인지를 가리는 경쟁을 중단하고, 국가
가 시민에게 요구한 부담을 공정하게 환산하고 보상하는 새로
운 사회계약으로 전환하는 것입니다. 이 접근은 페미니즘의 문
제의식을 훼손하지 않으면서도, 청년 남성을 민주주의의 바깥
으로 밀어내지 않습니다. 성 갈등을 해결한다는 것은 어느 한쪽
의 승리를 선언하는 것이 아니라, 국가가 책임져야 할 문제를 다
시 국가의 자리로 되돌려놓는 일입니다.

|3|
자유 · 민주 · 공화의 헌법 가치가 청년 친화적인 이유

대한민국헌법의 3대 가치는 자유·민주·공화입니다. 이 헌법 가치들은 제헌헌법에 새겨진 이래 비록 역사적 부침은 있었지만, 대한민국이라는 정치공동체를 떠받치고 있는 기본 정치 원리입니다. 대한민국의 보수, 나아가 대한민국의 정치는 이 3대 원리를 유지하고 발전시키는 것을 핵심 임무로 삼아야 합니다. 필자는 자유·민주·공화의 가치가 특히 지금의 우리 청년들과 친화적이라고 믿고 있습니다. 그 이유는 크게 두 가지로 생각해 볼 수 있습니다. 첫째, 자유·민주·공화 자체가 젊은 가치입니다. 둘째, 지금 우리나라 청년들은 그들의 삶의 조건과 그들이 처한 현재의 정치적 상황 때문에 자유·민주·공화의 가치를 더욱 추구할 수 있습니다.

자유·민주·공화, 근본적으로 젊은 가치

자유·민주·공화는 흔히 근대 국가의 성취이자 이미 제도화된 가치로 이해됩니다. 그러나 이 세 가치는 역사적으로나 개념적으로 완성된 상태로 주어진 적이 없으며, 언제나 기존 질서에 도전하는 힘으로 등장했다는 점에서 본질적으로 젊은 가치에 속합니다. 여기서 젊다는 것은 반드시 생물학적으로 젊다는 것이 아닙니다. 자유·민주·공화는 기본적으로 사회 안에서 아직 권력, 자원, 지위를 충분히 획득하지 못한 사람들을 기준으로 설계된 가치이며, 그 점에서 그런 사람들이 다수가 있는 이상 항상 젊은 가치로 작동할 수 있습니다.

자유는 언제나 구속과 억압으로부터의 해방, 사람들의 생각과 삶을 질식시키는 질서에 대한 도전으로 등장합니다. 봉건 질서에서 자유는 영주로부터 해방이었고, 절대왕정에서 자유는 군주의 자의로부터 탈출이었습니다. 자유는 역사적으로 항상 권력을 가진 자가 아니라 권력 바깥에 있는 자가 요구해 왔습니다. 기존의 사회 질서가 구성원에게 다양한 구속을 가할 때, 자유인은 그 구속의 철폐를 요구하고 진정한 멤버십을 추구합니다. 그는 정치공동체에 새로 진입하며, 그런 의미에서 자유란 가치는 늘 젊습니다.

자유는 언제나 기존 질서의 존재 이유를 의심하는 순간에 발생합니다. 그래서 자유는 본질적으로 기성 질서에 아직 완전히 편입되지 않은 주체, 다시 말해 젊은 주체의 경험과 강하게 결합합니다. 자유는 기득권자에게는 그 기득권에 대한 일정한 제약이거나 잘해 봐야 새로운 선택지 하나의 증가이지만, 새로운 진입자에게는 새로운 삶의 경로 자체를 개방해 주는 일입니다. 그런 의미에서 자유의 한계효용은 항상 젊은 쪽이 큽니다. 자유가 경험적으로 늘 젊은 가치처럼 체감되는 이유도 그 때문입니다.

민주도 비슷한 논리를 가지고 있습니다. 민주는 '이미 대표되는 자'가 아니라 '아직 대표되지 않는 자'를 전제로 합니다. 민주주의의 핵심 문제는 언제나 "누가 아직 정치적으로 대표되지 않고 있는가"입니다. 이 질문이 제기되는 순간 민주주의는 확장됩니다. 노예에서 시민으로, 남성에서 여성으로, 장년에서 청년으로 확대됩니다. 민주주의는 항상 새로 등장하는 집단의 진입 요구에 의해 진화해 왔습니다.

민주가 젊은 가치라는 것은 '해당 이익의 원칙(affected interests principle)'에서도 나옵니다. 이 원칙은 어떤 정치적 결정을 내릴 때 이 결정에 중대한 영향을 받는 모든 사람이 그 결정에 참여해야 한다는 원칙입니다. 좋은 민주주의는 언제나 이 원칙에 충실해야 합니다. 거의 모든 정치적 결정은 현재의 정치공동체에 살고 있는 모든 사람들에게 영향을 미칩니다. 이 결정에 참여할 권리를 부여받지 못한 사람들에게도 영향을 미치며, 나아가 아직 태어나지 않은 세대에게도 영향을 미칩니다.

에드먼드 버크(Edmund Burke)의 말대로 사회는 과거, 현재, 미래세대 사이의 영속적인 파트너십입니다. 따라서 민주주의는 정치적 결정의 결과를 가장 오래 살아내야 할 집단까지 고려해야 합니다. 예컨대 연금 개혁은 미래세대의 부담을 고려해야 합니다. 기후변화 대응은 향후 수십 년의 미래를 바라보며 이루어져야 합니다. 교육은 늘 백년대계여야 합니다. 민주주의 정치공동체는 과거를 존중하고 현재에 충실하지만 미래를 배려해야 합니다. 민주주의는 시간 축에서 미래 가중치가 가장 큰 체제이며, 이런 의미에서 본질적으로 미래 지향적이며 젊은 것입니다.

공화의 가장 고전적인 의미는 '공적인 것(res publica)'이라는 어원에서 보듯이 권력의 공유와 권력의 공적 사용입니다. 전통적으로 권력을 한 사람이 소유하는 대표적인 형태가 왕정이었으며, 공화는 가장 일차적으로는 왕정에 대한 반대로부터 시작되었습니다. 권력을 소수의 사람이 공유하면 귀족적 공화정이 되고 다수 국민이 공유하면 민주공화정이 됩니다.

권력을 두 명 이상이 소유하고 행사할 때는 권력 행사의 규칙이 있어야 하며, 이것을 제도화한 것이 법치입니다. 민주공화정은 무엇보다 법치에 근거해 있습니다. 또한 권력이 법에 따라 행사될 때 그것은 공적으로 사용된다고 말할 수 있습니다. 공화를 이렇게 가장 고전적인 의미로 보아도 그것이 젊은 가치임을 알 수 있습니다. 공화적 권력은 어떤 신체, 어떤 가문, 어떤 세대에도 귀속되지 않습니다. 그것은 세습될 수 없고, 축적될 수 없고, 전유될 수 없습니다. 그것은 개방되어야 하고 순환되어야 합니다.

클로드 르포르(Claude Lefort)는 이를 '권력의 빈 자리'라고 표현했습니다. 권력은 '차지하는' 것이 아니라 '맡는' 것입니다. 권력은 특정 집단의 소유물이 아니라, 공유되고 공용되는 공공재입니다. 공화는 장기 집권을 반대하고 엘리트 독과점을 반대하며 특정한 세대의 고착을 반대합니다. 권력의 사유화를 공화의 가치는 가장 경계합니다. 공화의 권력은 미래세대를 위해 비워져 있습니다.

자유·민주·공화가 함께 작동할 때 드러나는 공통점은 분명합니다. 이 세 가치는 모두 과거의 안정된 질서를 보존하는 논리보다, 아직 도래하지 않은 가능성을 보호하는 논리에 가깝습니다. 그래서 이 가치들은 언제나 미성숙해 보이고, 불안정하며, 때로는 무책임해 보이기까지 합니다. 그러나 그것은 결함이 아니라 본질입니다. 이 가치들이 완전히 안정되는 순간, 자유는 특권이 되고, 민주는 형식이 되며, 공화는 자의가 됩니다. 지금 우리의 정치인들과 정당들은 보수와 진보를 막론하고 이를 제대로 이해하지 못하고 있습니다. 권력을 의인화하고, 권력을 가지면 그것이 마치 자기 소유물인 양 자의적으로 행사합니다. '권력의 빈 자리' 개념은 권력의 자의적 사용과 남용이 아니라, 자기 절제된 공적 사용을 명확히 규정하는 개념입니다. 그럼에도 권력만 잡으면 절제하지 못하고, 다수의 의견을 존중하지 않고, 오도된 자기 확신에 빠져 나르시시스트가 되는 일이 반복되고 있습니다. 이것이 한국 정치의 비극입니다.

원리상, 자유·민주·공화는 결코 늙지 않는 가치입니다. 정확히 말하면, 늙을 수 없는 가치입니다. 이 가치들이 살아 있다는 것은, 사회 어딘가에 아직 완전히 대표되지 않은 주체, 아직 결정권을 갖지 못한 사람, 아직 자신의 삶을 시작하지 못한 세대가 존재한다는 뜻이기 때문입니다. 그래서 청년세대가 이 가치들에 예민하게 반응할 수 있는 가능성은 매우 높습니다. 그것은 도덕적 급진성 때문이 아니라, 이 가치들이 원래부터 미래를 먼저 사는 사람들의 언어로 훌륭히 기능할 수 있기 때문입니다.

결국 자유·민주·공화는 젊은 가치이고 또 그렇게 되어야 합니다. 이 가치들은 특정한 세대의 소유물이 아니라, 항상 다음 세대를 위해 자신을 비워 두는 정치 원리여야 합니다. 그리고 바로 그 점에서, 이 가치들은 언제나 현재의 기성 질서와 불편한 긴장을 유지하며, 끊임없이 다시 시작됩니다. 그것이 이 가치들이 아직도 유효한 이유이며, 동시에 영원히 완성되지 않는 이유이기도 합니다.

2030은 최초의 개인주의 세대

현재의 2030은 우리나라 역사상 최초로 진정한 의미에서 개인주의 세대라고 할 수 있습니다. 그 위의 세대는 집단주의 속성

   AI시대, 대한민국 청년을 다시 세우다

을 훨씬 많이 가지고 있습니다. 물론 특정 세대에 속한 모든 개인이 그 세대의 문화적 특성을 가지는 것은 아닙니다. 그런 의미에서 '세대' 문화를 이야기하는 것은 언제나 단순화의 위험을 가지고 있습니다. 또한 문화란 전승되는 것이고 세대 간에 섞임 현상이 있기 때문에 한국 문화라는 동일성 내에서의 차이라 해야 할 것입니다. 그럼에도 동일한 혹은 비슷한 시기에 태어나 동일한 혹은 비슷한 시대적 환경과 역사적 사건을 겪기 때문에, 세대 간에 문화적 특성과 사회의식의 차이가 존재하는 것은 부인할 수 없는 사실입니다.

현재 일반적으로 사용되고 있는 세대 분류로는 베이비부머 세대, X세대, 그리고 MZ세대가 있습니다. 하지만 국제 기준과 우리나라 기준이 조금 다른 것 같습니다. 우리의 경우 베이비부머 세대는 1955년과 1963년 사이에 태어난 세대를 말하고, X세대는 1970년대 초중반과 1980년대 초중반 사이에 태어난 세대를 뜻합니다(국제적 기준은 1965~80년생). 그 외에도 86세대(1960년대생) 역시 흔한 분류인데, 앞의 세대 구분이 인구학적 기준에 따른 것이라면, 86세대는 무엇보다 정치적 문화적 분류라고 할 수 있습니다. 86세대는 베이비부머 세대와 일부 중첩되지만, 대체로 베이비부머 세대와 X세대 사이에 위치하고 있고, 정치의식을 분석할 때 뚜렷한 정체성을 보인다는 점에서 분석적으로 유의미한 범주라 할 수 있습니다. 이 네 세대는 단순한 연령적 차이를 넘어, 개인이 집단, 사회, 국가와 관계를 맺는 방식에서 차이를 보입니다.

베이비부머 세대는 한국 사회에서 거의 유일하게 개인이 집단에 헌신하는 가운데 개인의 삶이 물질적으로 상승하는 경험을 한 세대입니다. 산업화와 고도성장 속에서 이들은 조직, 국가, 제도에 충성하는 것이 곧 생존이자 성공의 방식이었습니다. 이들에게 집단주의는 이념이 아니라 합리적 선택이었고, 인내·희생·충성의 윤리는 추상적 도덕이 아니라 경험적으로 검증된 성공 규칙이었습니다. 새벽 출근은 기본, 야근은 필수였습니다. 개인은 언제나 집단 속에서 의미를 얻었고, 개인의 고통은 국가 발전이나 조직의 성취라는 공적 서사로 흡수되었습니다. "나라의 발전이 나의 발전의 근본"이라는 국민교육헌장의 핵심 구절이 이 세대의 정신세계를 상징합니다.

이 세대는 청소년기에 유신 시대를 겪었지만 강력한 집단주의 문화와 반공주의에 포획되어 있었기 때문에 정치적으로 가장 급진적인 층조차 정부에 대해 비판은 할지언정 부정하는 경우는 드물었습니다. 어쩌면 정부를 부정하더라도 체제를 부정하지는 못했다는 것이 올바른 표현일지도 모릅니다. 더 온건한 단어를 쓴다면 제도를 비판하더라도 제도를 부정하지는 않았고, 변화는 제도 내부의 개량이라는 의미로 제한되었다고 해야 할 것입니다.

86세대는 인구학적으로는 베이비부머 말기와 X세대 초입에 걸쳐 있지만, 정치·문화적으로는 독자적 위치를 차지합니다. 이 세대의 60년대생은 베이비부머에 속하고 베이비부머의 정치적 문화적 특징을 공유하지만, 광주민주화운동을 겪은 결정적 차이를 가지고 있습니다. 광주는 1970년대의 민주화운동을 이념적 실천적으로 급진화시켰고, 이 급진화된 민주화운동이 86세대에게 지울 수 없는 자취를 남겼습니다. 1980년대에 대학을 다닌 사람들은 민주화운동에 적극적으로 참여했건 그렇지 않건 민주화운동의 기억에서 자유로울 수 없습니다.

민주화운동은 가장 강력한 집단주의 문화를 가지고 있었습니다. 86세대에게 집단은 운동 공동체였습니다. 개인은 집단을 통해 자신을 역사적 주체로 상승시키는 경험을 했습니다. 그래서 이 세대는 부모세대의 반공주의와 집단주의를 비판하면서도, 역설적으로 부모세대보다 더 강력한 집단 서사를 만들어내었다고 할 수 있습니다. 마르크스레닌주의와 주체사상이 집단을 응집시키는 이데올로기를 제공했습니다. 1980년대 말부터 본격화된 노동운동 역시 1980년대 특유의 집단 서사를 강화하는 데 크게 일조했습니다. 이 노동운동은 위에서 보았듯이 대기업·정규직·연공서열을 핵심 요소로 하는 내부 노동시장을 강화해 노동시장의 영역에서 집단주의를 강화하는 데도 크게 기여했습니다.

민주화운동 세력과 노동운동 세력은 한 때 마르크스주의와 주체사상에 기초해 정부 비판을 넘어 자본주의체제를 부정하는 데까지 나아갔습니다. 하지만 1980년대 말에 시작된 사회주의 국가들의 몰락은 운동권 세력의 체제 부정을 더 이상 가능하지도 않고 바람직하지도 않은 것으로 만들었습니다. 그러나 아무튼 이 세대는 개인의 성공과 집단의 정의가 동시에 성취되었던 드문 경험을 공유했으며, 오늘날 이들이 정치·도덕적 우위의 언어를 자주 구사하는 것도 바로 이런 이유 때문입니다.

X세대는 민주주의가 회복된 이후에 성인의 삶을 시작한 세대입니다. 독재가 종식되고 사회의 모든 영역에 존재하던 권위주의 문화가 사라지기 시작했습니다. 가정에서도, 학교에서도, 직장에서도 규율이 완화되어 나갔습니다. 따라서 이들은 베이비부머식 집단주의에 강한 거부감을 가지고 있었고, 기성의 권위

에 반발하며, 주어진 규범에 동조하지 않고, 개인 취향을 중시했습니다. 서태지와 아이들은 X세대의 의장으로 불립니다. 국악, 랩, 댄스, 록을 결합한 음악은 기존 성인세대의 문법을 파괴하며 '청소년·청년 문화'라는 독자적인 영역을 구축했습니다. 압구정동과 오렌지족도 이 세대의 소비 문화를 상징합니다. '오렌지족'이라는 용어는 당시의 과감한 소비 패턴과 개방적인 연애관을 보여주는 단면이었습니다. 이전 세대가 '우리'를 강조했다면, X세대는 '나'의 취향과 스타일을 가장 중요하게 여기면서 신인류로 불렸습니다. 당시 화장품 광고(태평양 아모레)에서 쓰인 "난 나야!"라는 카피는 이 세대의 정체성을 한 문장으로 요약합니다. 아울러 디지털 유목민의 시초라 할 수 있는 천리안, 하이텔, 나우누리 등 PC통신을 통해 온라인 커뮤니티 문화가 처음 형성되고, 익명성을 바탕으로 한 토론, 번개 모임, 플랫폼의 사용은 현재 한국 인터넷 문화의 뿌리가 되었습니다. K컬처의 뿌리가 여기서 형성됩니다. 영화, 가요, 패션 등 모든 분야에서 창의성이 폭발했습니다. 힙합 바지, 배꼽티, 뒤집어쓴 모자 등 파격적인 스타일이 유행하고 홍대 클럽 문화와 인디 밴드가 형성되기 시작한 것도 이 시기입니다.

하지만 X세대의 개인주의는 적어도 산업 현장에서는 아직 그

형체를 갖추지는 못했습니다. 그들은 일터에서는 여전히 전통적 개념의 회사와 조직에 의존해야 했습니다. 그래서 X세대의 개인주의는 '집단을 떠난 개인'이 아니라 '집단 안에서 버티는 개인'의 형태를 띠었습니다. 이들은 집단주의를 신뢰하지 않지만 집단을 떠날 수 없었고, 개인으로 살고 싶었지만 개인으로 삶의 궤적을 스스로 그려나갈 경제적 또는 제도적 토대는 취약했습니다.

X세대의 최상위 연령대는 86세대와 중첩되며 1990년대 초반까지 전개된 민주화운동의 기억을 가지고 있습니다. 하지만 이 세대의 가장 압도적인 경험은 그들이 청년기에 맞은 1997년 외환위기일 것입니다. 국가 경제 시스템이 하루아침에 무너지고 자신들이 기대하고 있는 혹은 앞으로 기대게 될 회사와 조직이 순식간에 사라질 수 있다는 것을 보았습니다. 비정규직 사회가 본격적으로 도래하는 것 같았습니다.

하지만 외환위기가 초래한 직업적 안정성의 위기에서 벗어나게 한 것도 결국은 조직이었습니다. 외환위기를 탈출한 대한민국은 착실한 발걸음으로 선진국으로 진입해 들어갔고, 한편으로는 대기업과 중견기업이, 다른 한편으로는 한국노총과 민노총이 X세대를 지켜주었습니다. X세대는 그야말로 신세대이자 기성세

    AI시대, 대한민국 청년을 다시 세우다

대입니다. 개인과 집단 사이에서 진자처럼 왔다 갔다 하는 모습이 이 세대의 자화상입니다.

MZ세대는 이 흐름 속에서 등장한 질적으로 다른 세대입니다. 이들은 처음부터 개인을 출발점으로 사고합니다. 이미 자유롭고 탈권위적이고 수평적인 문화 속에서 태어나고 성장하고 교육받고 입직합니다. 그들은 이전 세대가 전혀 누릴 수 없었던 자기표현의 매체를 가지고 있습니다. 인터넷과 소셜 미디어는 그들에게 자유로운 소통망과 공론장을 제공합니다. MZ세대를 정의하는 가장 강력한 도구는 단연 디지털 기기입니다. 이들은 태어날 때부터 혹은 유소년기부터 인터넷을 접했습니다. 인스타그램, 유튜브, 틱톡은 단순한 앱이 아니라 이들의 '자아를 표출하는 무대'이자 '검색 엔진'입니다. 이들은 진정으로 스마트폰과 SNS 세대입니다. '숏폼' 콘텐츠를 소비하고 직접 제작하는 것이 일상입니다. '첼린지' 문화(아무 노래 챌린지 등)는 이들이 문화를 소비하는 주된 방식입니다. 아날로그 종이보다는 태블릿을 활용해 공부하고 다이어리를 꾸미는 '다꾸' 문화가 디지털로 전이되었습니다.

이런 MZ세대는 이전 세대보다 훨씬 더 '자기 주도적'이고 '가치 중심적'인 모습을 보입니다. 예를 들어 자신의 신념이나 가치관을 소비를 통해 드러내는 '미닝아웃(meaning out)' 현상이라든지, 환경을 생각하여 비윤리적인 기업을 불매하거나 착한 기업을 돈으로 혼내주는 '돈쭐' 문화가 대표적입니다. 이른바 '갓생(God+生)'이라 불리는, 하루하루를 계획적으로 살며 소소한 성취감을 쌓는 삶을 지향합니다. 거창한 성공보다는 '아침 일찍 일어나기', '매일 운동하기' 같은 루틴을 SNS에 인증하며 자기 통제감을 얻는 것이 핵심입니다.

하지만 이들 세대야말로 공정성에 대한 민감도는 으뜸입니다. 사회적 이슈나 직장 내 대우에 있어 '공정'을 매우 중요하게 생각합니다. 서열 중심의 조직 문화보다는 수평적 소통을 선호하며, 노력에 대한 확실한 보상을 요구하는 목소리가 큽니다. 또 이들은 헬시 플레저(healthy pleasure)를 추구합니다. 과거의 건강관리가 '고통스러운 절제'였다면, MZ세대는 '즐겁게 건강을 관리'합니다. 맛있는 저칼로리 음식을 찾고, 즐겁게 운동하며 그 과정을 기록합니다.

비록 하나로 묶이지만, 두 세대 사이에도 결의 차이가 존재합니다. 밀레니얼 세대가 X세대와 연결되는 부분이 더 많다면, Z세대는 그야말로 태어날 때부터 디지털이고 훨씬 개인주의적이고 '취향'을 통해서 공동체를 형성합니다. 단순히 브랜드 이름을

〈표 4〉 M세대 및 Z세대 특징

구분	밀레니얼(M)세대	Z세대
디지털 경험	아날로그에서 디지털로의 전환기 경험	태어날 때부터 디지털(모바일 우선)
소통 방식	텍스트, 블로그, 페이스북	영상, 이미지, 인스타그램, 틱톡
직업관	워라밸 중시	'나'의 성장과 부캐(부캐릭터) 중시
특징	집단 속의 개인	완전한 개인주의 및 '취향' 공동체

보고 사는 것이 아니라, '내가 좋아하는 유튜버가 추천한 비건 화장품'이나 '나와 체형이 비슷한 일반인 모델이 입은 옷'을 구매합니다. 이는 방대한 정보 속에서 나와 결이 맞는 '큐레이터'를 찾는 행위입니다. 자신이 신뢰하는 특정 인플루언서나 콘텐츠 크리에이터의 취향에 '나도' 하면서 동조하는 소비를 합니다. '가성비(가격 대비 성능)'보다 '시성비(시간 대비 성능)'를 극도로 따집니다. 짧은 시간 안에 최대의 효용을 얻으려는 성향입니다. 영화나 드라마를 1.5배속으로 보거나 요약본으로 결말을 먼저 확인합니다. 또한, 유튜브 쇼츠나 인스타그램 릴스를 끊임없이 넘기며 짧고 강렬한 즐거움을 찾는 '도파민 파밍(dopamine farming)'에 능숙합니다.

이런 디지털 시민들인 MZ세대에게 디지털 공간은 제도 정치 공간과 달리 낮은 진입 장벽, 공식 자격 불필요, 실시간 반응이라는 특징을 제공합니다. 이는 기존 제도 정치가 제공하지 못했던 즉각적 시민성을 가능하게 합니다. 이전 세대를 규정했던 조직과 집단은 더는 이 세대의 일생을 옭아맬 수 없습니다. 조직은 정체성이 아니라 계약이며, 집단 소속은 운명이 아니라 선택입니다. 평생직장은 더 이상 존재하지 않으며, 동일한 조직에 장기간 근무하는 것도 이제는 미덕으로 여기지 않습니다. 정착이 아니라 이동이 이 세대의 '디폴트 모드'라 해도 과언이 아닙니다.

긱경제와 플랫폼 노동의 출현은 이러한 유동성을 더 강화합니다. 자산, 노동, 주거의 사다리가 끊어진 상황에서 개인주의는 필수적인 전략적 원칙이 됩니다. 이와 같은 여러 가지 이유로 지금의 2030은 우리나라 역사상 최초의 개인주의 세대라 할 수 있습니다. 그들이 영속적으로 의존할 수 있는 집단이 존재하지 않는다는 것은 삶의 불안정성을 뜻할 수도 있지만, 그 불안정성의 이면은 자유입니다. 적절한 조건이 주어질 때 지금의 2030이 내장하고 있는 개인주의적 자유는 우리나라에 새로운 문화 양식과 사회적 정치적 문법을 가져올 수 있을 것입니다.

위기에 처한 자유·민주·공화

제헌헌법의 여러 조항에 구현된 자유·민주·공화의 3대 가치가 현실 정치에 오롯이 구현될 수 있는 계기를 만든 것은 역시 1987년 민주화였습니다. 그전에는 '자유민주적 기본 질서'가 일시적 예외적으로만, 긴 독재 기간 사이사이에 에피소드로만 존재했습니다. 하지만 그 후에는 이 질서가 비가역적인 것이 되었고, 헌법에 값하는 정치·경제·사회 체제로 나아가게 되었습니다.

민주화 이후의 정치는 민주화의 약속대로라면 자유·민주·공화를 계속 심화, 발전시키는 정치여야 했습니다. 하지만 그 이후에 전개된 우리 정치는 진영 대결이 갈수록 깊어지면서, 그리고 좌우를 막론하고 이 가치를 올곧게 받들지 못하면서 진화와 퇴행을 시계추처럼 반복했습니다. 특히 5년 단임제 아래에서 이념 귀속적 양당 정치는 극단적 권력 갈등과 정쟁을 일상화했습니다. 자유민주주의적 공화제의 운영 원리인 정치적 타협과 합의의 정신은 실종되었고, 정치적 적대에 기초한 정쟁이 그 자리를 대신했습니다.

민주주의의 성숙도는 국민을 대표하는 정치인과 정당이 헌법에서 정한 법치의 테두리 안에서 국민 앞에 부끄럽지 않은 도덕적 기준을 지키며 책임 정치를 실천하느냐에 달려 있습니다. 하지만 우리는 내 편의 잘못은 감추고 상대의 잘못은 과장하며, 잘못이 드러나면 상대 책임으로 떠넘기는 경향이 더 심해졌습니다. 민주주의의 도덕적 기반이 와해되었습니다. 그 도덕적 기반은 국민들 앞에서 잘못이 있으면 인정하는 성찰의 태도, 수오지심에서 출발해야 합니다. 하지만 이제는 누구도 그러지 않습니다. 이는 조국 사태로부터 비롯되었습니다. 이제 정치인들은 범죄 혐의를 받아도 권력에 의한 조작의 결과라며 그 책임을 상대에 전가하면 그만입니다.

이런 도덕적 기반의 와해 못지않게 위험한 것은 성숙한 민주주의를 떠받치는 규범, 관습, 절차의 파괴입니다. 레비츠키와 지블랫이 주장하듯이, 정치 행위자들의 상호 관용과 자제는 형식적 법제도 못지않게 중요한 민주적 공화주의의 주춧돌입니다. 하지만 우리 정치에서 이러한 미덕은 더는 찾아볼 수 없습니다. 국회는 이제 다수 정당이 숫자만 믿고 마음대로 해도 되는 전횡의 공간이 되었습니다. 교섭단체의 타협과 조정에 의한 국회 운영이라고 하는 국회법의 정신은 앙상한 가지만 남았습니다.

극단적 진영 대결 정치는 제왕적 대통령제와 맞물린 현상입니다. 대통령제는 원래 왕정의 근대적 대체물의 성격을 가지고 있습니다. 세계적 정치학자 후안 린츠(Juan Linz)는 대통령제 자체가 제왕적으로 되는 강한 경향이 있다고 주장했습니다. 우리나라에서도 언제부터인가 대통령이라는 말 앞에 '제왕적'이라는 수식어를 덧붙이는 것이 자연스러워졌습니다. 그만큼 우리나라 역대 대통령들은 민주화 이후에도 권력의 공유와 공적 사용이라는 공화주의 원칙을 수시로 어겼습니다. 본인들이 원하든 원치 않든 우리의 정치 환경도 이를 부추겼습니다.

21세기에 들어 극한 진영 대결 정치는 제왕적 대통령직을 둘러싸고 치열하게 전개되었고, 그 결과 세 번의 대통령 탄핵 시도가 일어나 두 번의 대통령 파면이 일어났습니다. 한 명의 대통령이 극단적 선택을 했고, 세 명의 대통령이 감옥에 갔습니다. 정말 참담한 일이 아닐 수 없습니다. 이 과정에서 법치의 준용과 정치 보복의 경계가 허물어졌습니다.

공교롭게도 지금의 2030세대 중 가장 나이가 많은 사람들은 1987년에 태어났습니다. 그들과 함께 탄생했던 민주주의가 그들의 삶의 조건만큼이나 심각한 상황에 놓여 있다는 것은 일종의 아이러니입니다. 한국 민주주의 정치가 길을 잃고 있다는 증거이기도 합니다.

이러한 실패는 당연히 보수와 진보 정치 세력 모두에게 나타나고 있습니다. 보수 정치의 일원으로서 우선 보수에 대한 성찰적 반성이 필요하다고 생각합니다. 보수의 일차적인 문제는 민주화 이후 과거의 반공 보수에서 민주 보수로 진화해 가지 못한 데 있습니다. 6·25전쟁과 북한의 남한 공산화 전략을 고려할 때 반공의 이념적 정체성은 역사적 정당성을 가집니다. 하지만 반공이 독재를 옹호하거나 인권 탄압을 정당화할 수는 없습니다.

특히 과거의 보수는 자유민주주의를 수호한다는 명분으로 반공 통치를 함으로써 자유민주주의를 반공주의로 축소하고 양자를 동의어로 만들었습니다. 유신체제와 5공화국이 그랬습니다. 1987년 민주화 이후 보수는 불완전한 자유민주주의를 온전한 자유민주주의로 전환하는 주체로 거듭나는 계기를 마련했습니다. 내부 통치를 위한 공포에 기초한 반공주의에서 체제 우위를 바탕으로 한 자신감에 기초한 반공주의로 전환할 수 있었습니다.

1990년 삼당합당은 김영삼 대통령을 탄생시킴으로로써 자유민주주의 보수가 권위주의 보수를 품고 미래로 나아가는 계기였습니다. 이때 적지 않은 민주화운동 세력이 좌파 사회주의적 민주화운동 세력과 분리되어 동참했습니다. 김영삼 정부 아래 5·18에 대한 단죄와 하나회 척결 등 군부 종식의 결정적 계기가 마련되었습니다. 현재의 국민의힘은 이승만, 박정희, 김영삼으로 이어지는 대한민국의 건국, 산업화, 민주화의 굴곡과 진화를 이루어온 정통 세력의 후신으로 자리매김해야 합니다. 그리고 오늘의 대한민국 발전을 주도한 세력으로서 과거의 얼룩을 감추는 대신 그 얼룩을 딛고 온전하게 자유·민주·공화의 정신을 구현할 세력으로 자신을 재정립해야 합니다.

하지만 불행하게도, 21세기에 들어 운동권 세력이 본격적으로 제도 정치권에 들어와 기왕에 확립되어 있던 대한민국의 정통성과 정당성을 부정하고 제도 정치 자체를 뒤흔들면서 오히려 반공 보수가 강화되는 역진화가 전개되었습니다. 명실상부한 자유민주주의는 더 만개하지 못하고 또다시 반공으로 축소되었고 공포에 기초한 반공주의가 아스팔트 세력의 함성을 크게 만들었습니다. 이런 심리가 고스란히 시대착오적인 계엄 사태를 불러일으켰습니다.

이와 더불어 과거로부터 내려오던 보수 내의 권위주의 정치문화도 약화와 청산의 길은커녕 유지 온존의 길을 걸었습니다. 자유민주주의를 표방하는 보수 정당 내에서 위계적 수직적 정당 문화는 여전히 당의 활력과 혁신을 가로막고 있습니다.

진보의 문제는 다른 측면에서 더욱 심각합니다. 현재의 우리나라 진보는 1980년대와 1990년대의 운동권 출신이 핵심을 이루고 있습니다. 운동권 세력은 처음에는 순수한 민주화운동에서 출발했지만, 점차 급진화하면서 마르크스주의와 주체사상을 이념적 기반으로 삼게 되었습니다. 민주화운동은 사회주의혁명 운동으로 모습을 바꾸었습니다. 하지만 1990년을 전후로 현존 사회주의 국가들이 몰락하면서 그들의 이론적 실천적 기반은 사라졌습니다.

그들은 김대중 정부 때 제도 정치로 들어가기 시작했지만, 그들의 급진성은 김대중 대통령과 기존 제도 정치 세력의 힘에 눌려 표출될 수 없었습니다. 노무현 정부는 최초의 운동권 정부였으며, 이때부터 대한민국의 정통성과 정당성에 정면으로 도전하는 운동권 담론이 제도 정치 안에서 본격적으로 분출하기 시작했습니다. 그들이 현실적으로 사회주의혁명을 추구할 수는 없었지만, 그들이 흡수한 마르크스주의와 주체사상은 현대 민주주의, 혹은 마르크스주의 용어로는 부르주아 민주주의에 대한 근본적 도전을 담고 있었습니다.

그들의 정치관과 민주주의관에는 상호 관용과 자제의 민주적 규범이 자리할 공간이 원초적으로 존재하지 않습니다. 그들의 마르크스주의와 주체사상은 정치란 계급투쟁의 다른 이름이며, 민주주의는 계급투쟁의 도구에 불과하다고 가르쳤습니다. 이들에게 민주주의 자체는 규범도 가치도 아닙니다. 어떤 초월적 지위도 갖지 않습니다. 그야말로 권력 투쟁에서 휘두를 각목일 뿐입니다.

그들이 민주주의를 권력 투쟁의 각목이라 부르지는 않지만, 그들의 정치 행태나 정치 언어의 이면을 보면 이러한 도구적 민주주의관은 쉽게 드러납니다. 각목 민주주의관은 민주주의를 단순 다수결로 축소하며, 의회의 다수를 차지하면 숫자의 힘으로 무엇이든 할 수 있다고 봅니다. 민주당이 압도적 의회 다수를 차지한 21대, 22대 국회에서 이는 여과 없이 드러났습니다.

현대 민주주의는 다양한 규칙으로 이루어진 복합체입니다. 제도로 구현되는 가장 핵심적인 규칙은 삼권분립과 견제와 균형, 법치, 사법부의 독립성이라 할 수 있습니다. 제도화되어 있지는 않지만, 오랫동안 쌓아온 관습, 관례, 규범도 민주주의의 유지에 매우 중요합니다. 상호존중과 자제 외에도, 우리나라 국회는 예컨대 민주화 이전부터 총선 후 원 구성은 교섭단체 간의 합의로 한다는 관례를 지켰고, 21세기에 들어서는 법사위원장은 야당이 맡는다는 새로운 관례를 만들어 이행했습니다. 하지만 이런 중요한 관례는 완전히 깨졌습니다.

법치를 무시하는 민주주의는 폭민 정치이고 인민민주주의 정치입니다. 삼권분립 원칙을 파괴하고 특히 사법부의 독립성을 무너뜨리는 정치도 폭민 정치이고 인민민주주의 정치입니다. 내란재판부를 만들고 법왜곡죄를 만들고, 헌법에 보장된 준사법 기관 검찰을 무력화하고 모든 수사권을 행정부 통제 아래에 두는 일을 사법 개혁이라 부르는 것은 지나가던 소도 웃을 일입니다. 사법부의 독립성을 파괴하고 사법부 구성원을 협박하고, 국회 관례를 무시하는 것은 연성 독재의 도래를 알리는 신호탄입니다. 민주주의는 그 정의상 민주주의를 폐지하는 결정을 할 수 없습니다. 하지만 민주주의가 단순 다수결로 축소될 때 민주주의는 위태로운 처지가 됩니다. 히틀러도 의회 표결을 통해 총통 자리에 올랐습니다. 이것을 민주주의의 자살이라고 합니다.

민주주의에는 다수결로도 할 수 없는 것이 많습니다. 그래서 다수를 차지한 정치 세력이라도 정치를 작동하게 하고 민주주의를 유지하기 위해 자제를 해야 합니다. 소수 정당을 존중해야 하는 것입니다. 사법부를 공격해서는 안 되는 것입니다. 사법부를 장악하려 해서도 안 되는 것입니다. 명백하고 중대한 사유가 있지 않는 한 행정부나 사법부의 고위 공무원을 탄핵해서는 안 되는 것도 같은 이유에서입니다. 하지만 21, 22대 국회의 민주당은 민주주의를 떠받치는 이 모든 제도적 비제도적 규칙과 규범을 무너뜨려 왔습니다.

권력 쟁취에는 수단과 방법을 가리지 않는 운동권 출신 좌파 세력의 행태를 보면 이들이 얼마나 도구적 정치관, 도구적 민주주의관에 빠져 있는지를 알 수 있습니다. 이는 그들의 목적이 근본적인 윤리적 우월성을 가지고 있다는 오만과 독선에서 비롯됩니다. 이는 철저히 반근대적인 발상이자, 근현대 세계사에서 수많은 폭력을 초래한 전체주의로의 초대장입니다.

한편의 극단에 강경 반공주의가 있고 다른 한편의 극단에 인민민주주의가 있는 이 진영 정치에서 대통령 권력은 날이 갈수록 진영의 최종 병기로 사용되었습니다. 대통령 자신은 모든 국민의 대통령이 되고 싶었을지도 모르지만, 진영 정치의 냉혹한 현실은 그것을 허용하지 않았습니다. 모든 국민의 대통령이기를 끝까지 고집한다면 자신의 진영으로부터 버림받을 각오도 해야 했습니다. 보수와 진보의 대결이 실존적 차원을 더해 갈수록 대통령 권력은 더욱 진영 권력이 되어 갔습니다. 이로부터 권력의 공유와 공적 사용이라는 공화주의적 이상은 점점 더 멀어져 갔습니다.

공화주의적 대통령 권력은 사실 중세 정치신학의 발전에 뿌리를 두고 있습니다. 에른스트 칸토로비치(Ernst Kantorowicz)는 《왕의 두 신체》에서 대략 12세기 후반 로마법의 재발견과 함께 왕이 자연적 신체와 정치적 법적 신체라는 두 신체를 가지고 있다는 인식이 등장했다고 주장합니다. 이전에는 이러한 신체의 분리가 일어나지 않아 왕이 죽으면 주권 혹은 최고 권력의 소재지도 함께 죽는 것으로 간주되었습니다. 하지만 왕의 두 신체가 분리되면서, 권력은 더 이상 특정 개인의 생물학적 생명에 귀속되지 않고, 상징적 법적 차원으로 분리될 수 있게 되었습니다.

이렇게 해서 "왕은 결코 죽지 않는다"는 명제가 성립하고, 여기에 근대적 권력의 기원이 있습니다. 대통령 권력은 중세신학에서 일어난 이러한 혁신의 가장 이념형적인 근대적 결과라고 하겠습니다. 권력의 자리가 비어 있다는 클로드 르포르의 주장도 궁극적으로는 왕의 두 신체의 분리에 기원을 두고 있습니다.

그는 여기에서 한 걸음 더 나아가 왕의 처형 이후에도 권력의 장소 자체는 남아 있지만, 그것을 영구적으로 점유할 수 있는 주체는 더는 존재하지 않는다고 말합니다. 민주주의에서 권력은 누구의 신체에도 고정되지 않으며, 선거를 통해 임시적으로 점유될 뿐입니다. 권력은 장소로는 존재하지만 주체로는 비어 있으며, 바로 이 공백과 불확정성이 민주주의의 본질을 이룹니다. 이

     AI시대, 대한민국 청년을 다시 세우다

것이 바로 공화주의적 권력 개념입니다.

우리의 1987년체제 정치도 공화주의적 권력 개념을 실현해 나가는 정치여야 했습니다. 하지만 반대의 방향으로 갔습니다. 조금 과장해서 말하면 극단의 정치철학을 제시한 카를 슈미트의 방향으로 갔다고 할 수 있습니다. 슈미트는 주권이란 평상시의 정상적인 입법에서 드러나는 것이 아니라 예외상태에 관해 결정할 수 권력에서 드러나는 것이라 주장했습니다("주권자는 예외에 관해 결정하는 사람이다"). 지금이 예외상황인지 아닌지를 결정하고 예외상황이라면 결단을 통해 혼돈 속에서 질서를 창출하는 것이 곧 주권자입니다. 그것이 기존의 법체계를 파괴하고 인위적으로 새로운 법체계를 수립하는 것이라 해도 말입니다. 이런 논리는 독일의 위기를 독일의 위대함으로 전화시킨다는 명분을 내세운 히틀러의 등장도 정당화할 수 있고, 좌파의 입법 독재 때문에 계엄을 한다는 논리도 정당화할 수 있습니다,

슈미트의 주장은 좌우의 학자 모두로부터 의회민주주의의 맹점을 날카롭게 파고들었다는 평가를 받고 있지만, 사실은 칸토로비치에 의해 분리되었던 신체적 권력과 정치적 권력을 재결합하는 것이었습니다. 이러한 권력의 재육체화는 공화주의적 권력 개념에 배치되는 것입니다. 하지만 우리의 1987년체제 정치의

이른바 '제왕적 대통령제'는 정확히 재육체화된 대통령 권력으로 나타났습니다. 권력은 대통령이라는 사람에 붙어 있는 전유물로 인식되었고, 그로 인해 사적으로 사용되는 것을 막지 못했습니다.

1987년 민주화 이래 우리 정치가 자유·민주·공화의 약속을 실현하며 미래로 나아가기는커녕 한편으로 강경 반공주의와 다른 한편으로 인민민주주의로 역진해 왔다는 것은 정말로 역설이 아닐 수 없습니다. 해방 후 80년의 역사가 다시 해방 시기로 복귀한 것입니다.

1987년 민주화와 함께 탄생한 2030으로서는 그야말로 영문도 모르는 채 배신을 당한 셈입니다. 청년들은 더 많은 자유, 더 많은 민주, 더 많은 공화의 대한민국을 물려받아야 했지만, 거꾸로 자유·민주·공화가 빈사에 허덕이는 대한민국을 물려받았습니다. 그들은 영원히 떨어지는 바위를 영원히 다시 밀어 올려야 하는 시시포스의 운명에 처해 있다고나 해야 할까요?

우리 청년이 자신들의 삶의 조건을 개선하려면 기존의 산업 사회 패러다임을 바꾸어야 하며, 이를 위해서는 기존의 진영 정치 패러다임을 일소해야 합니다. 그들의 개인주의적 자유를 확장하는 한편, 기성세대만을 대표하지 않고 청년세대와 미래세대까지 대표하는 정치를 위해 더 많은 민주를 획득해야 합니다. 특정 정파의 이익을 실현하기 위한 사적 권력이 아니라 청년세대와 미래세대를 포함해 모든 국민의 이익을 실현하는 공적 권력을 확보해야 합니다. 이런 시대적 과제가 젊은 세대의 어깨 위에 짊어져 있습니다.

| 4 |
'복합소득사회'로 가자!

AI혁명은 우리에게 수많은 새로운 숙제를 던지고 있습니다. 미래세대에게 이 시대는 엄청난 전환의 시대가 될 수밖에 없습니다. 그런 만큼 불확실성이 높은 시대이기도 합니다. 우리는 아직 이 시대의 일자리 구조가 향후 어떻게 변화할지 정확히 모릅니다. 앞으로 사람들이 어떻게 소득을 얻고 어떤 삶을 어떻게 영위해 나갈지 분명히 모릅니다. 불안이 널리 퍼질 수밖에 없고, 특히 미래를 살아내야 할 청년들은 더욱더 불안합니다. 우리를 엄습하고 있는 보편적 불안을 안정감으로 바꾸기 위해서는 무엇보다 국가가 청년들에게 안정적인 삶이 가능하다는 확신을

  AI시대, 대한민국 청년을 다시 세우다

주어야 합니다. 그래서 저는 AI시대 새로운 사회정책론의 일환으로 '복합소득사회론'을 제안하면서, 획기적인 청년 지원 정책을 제시하고자 합니다.

'기본소득론'에 앞서 '복합소득사회론'

AI혁명이 일어나면서 존 메이너드 케인스(John Maynard Keynes)가 1930년에 발표한 논문이 새로운 주목을 받고 있습니다. 〈우리 손주 세대의 경제적 가능성(Economic Possibilities for Our Grandchildren)〉이라는 제목의 글입니다. 그는 이 논문에서 당시의 기술 진보, 자본 축적, 생산성 향상을 고려할 때, 2030년이 되면 일주일에 15시간만 일해도 인간의 기본적인 욕구를 충족시킬 수 있는 사회가 되리라고 예측했습니다. 그는 자신의 경제학적 수학적 능력에 기초해 인간이 생존을 위한 노동에서 해방되는 시점을 이렇게 2030년으로 잡았습니다. 전쟁과 파괴가 반복되지 않고 인구 증가가 통제되어야 한다는 등의 단서가 붙어 있었고 여러 가지 고려하지 않은 점도 있지만, 그 탁월한 발상과 예지력에 새삼 감탄하지 않을 수 없습니다.

케인스의 예측이 그대로 실현되지는 못했지만, 인류가 지속적인 기술 진보를 통해 노동에서 해방될 가능성이 그 어느 때보다 높아진 것은 분명해 보입니다. AI가 보여주고 있는 엄청난 혁신을 시야에 넣으면 특히 그렇습니다. AI는 생산성을 엄청나게 높이고, 인간의 노동을 육체노동에서 정신노동까지 모두 대체할 수 있는 힘을 보여줍니다. 이로 인해 근대를 상징했던 노동사회의 해가 저물 것이라는 예상도 가능해 보입니다. 그러면 "앞으로 사람은 어떤 일을 하고 얼마나 일을 하고 얼마나 노동으로부터 소득을 얻을 수 있지?" 하는 의문이 자동으로 따라 나옵니다. 이는 "AI시대에 일자리가 유지될 수 있는가?" 하는 보다 근본적인 의문으로 연결됩니다. 무한한 생산력의 가능성과 무한한 실업의 가능성이 공존하는 미래가 그려지는 것입니다.

여기에 대응해 가장 유력한 사회 설계로 등장하고 있는 것이 국가가 최저생계비를 보장하는 기본소득론입니다. 정말 기본소득은 그것이 가능하다면 선진 경제 국가들이 직면하고 있는 모든 사회 문제들을 일거에 해결할 수 있는 일망타진의 만병통치약처럼 보이기도 합니다. 그러나 문제는 간단하지 않습니다. 기본소득이라는 구상은 AI시대를 생각할 때 고려하지 않을 수 없는 정책 대안입니다. 하지만 중요한 것은 이상주의적 관점이 아니라 현실주의적 적용 방법입니다.

당위적으로 보편적 기본소득을 주장하는 관념적 좌파의 주장들은 이미 현실에서 기각되었습니다. 케인스의 담대한 과학적 예측이 복잡한 인간 현실로 인해 결국 실현되지 않은 것처럼, 기본소득 역시 가까운 장래에 사회적 만병을 치료할 수 있을 것으로는 보이지는 않습니다. 기본소득은 최저생계의 국가 보장에도 불구하고 다수의 사람들이 노동에 참여하는 것을 전제한다는 점에서 기본적으로 인간의 선의에 기초하고 있는 사회 설계입니다. 하지만 어떤 사회 설계도 이처럼 인간의 선의에 기초해서는 성공할 수 없다는 것이 다수 사회과학자들의 생각입니다. 그래서 기본소득의 구상을 일정 부분 수용하면서 보다 현실적으로 접근할 필요가 있습니다.

이미 기본소득 논의도 최근에는 찬성과 반대의 이분법을 넘어, "누가 부를 소유하고 어떻게 나눌 것인가"에 집중되어 있습니다. 생산성 급증과 일자리 소멸이라는 설마 했던 일이 이제 현실로 다가오고 있습니다. AI와 휴머노이드가 결합하며 노동의 시간당 비용이 인간의 최저임금보다 낮아지는 '크로스오버' 지점이 발생하고 있습니다. 이는 일자리의 70%가 불안정해질 수 있다는 위기감을 낳는 동시에, 유례없는 생산성 향상을 어떻게 분배할 것인지에 대한 논쟁을 촉발합니다. 이 논쟁에서 어떤 사람들은 국민 개개인이 이 생산성 향상에 실질적으로 기여했지만 그 기여에 대한 보상은 못 받고 있다는 점에 주목합니다. 엄밀히 말해, 생산성 향상은 AI가 국민 개개인이 생성한 데이터와 국가 인프라를 바탕으로 학습한 결과입니다. 따라서 '함께 만든 부(common wealth)'이므로, 그 수익의 일부는 국민에게 돌아가야 한다는 것입니다. 이런 논리에 따라 '데이터 배당'이나 '공유부 배당' 형태로 수익이 국민들에게 돌아가야 한다는 주장이 힘을 얻고 있습니다.

하지만 기본소득을 급진적으로 도입하면 노동 유인을 저해하고, 가계 소비 폭증으로 인한 인플레이션을 야기하며, 보편적 증세가 따르지 않는다면 국가 재정의 파탄으로 이어질 수밖에 없습니다. 그렇기에 AI 도입 속도와 생산성 증가 속도, 그에 따른 일자리 축소에 대한 현실적 예측을 전제로, 기본소득을 절충적·점진적으로 실현하는 현실적 방법을 모색할 수밖에 없습니다.

이를 위해 주목할 만한 방법들은 세 가지가 있습니다. 첫째, 범주형 기본소득(targeted start)입니다. 연령이나 상황에 따라 우선순위를 두는 방식입니다. 청년 혹은 노인 기본소득처럼 소득 절벽에 놓이기 쉬운 특정 연령대부터 시작해 점차 전 연령으로 확대하는 방법입니다. 또는 농어촌 기본소득처럼 지역 소멸을 막기 위한 정책과 결합해 특정 지역에서 먼저 실증 실험을 거쳐 확대할 수 있습니다. 둘째, 마이너스 소득세(negative income tax)의 방법이 있습니다. 즉, 소득이 일정 수준 이하인 사람에게 세금을 걷는 대신 국가가 부족분을 채워주는 방식으로, 기존 조세 체계와 통합해 행정 비용을 줄이며 점진적으로 도입할 수 있습니다. 셋째, 참여소득(participation income)입니다. 단순한 '무조건 지급' 대신 사회적 가치가 있는 활동(돌봄, 환경 보호, 지역 커뮤니티 활동 등)에 참여하는 이들에게 우선 지급하며 기본소득에 대한 거부감을 줄여나가는 방식입니다.

필자는 이런 절충적 기본소득론을 일부 수용하면서 '복합소득사회'론을 제기하고자 합니다. 복합소득은 크게 세 가지 범주로 이루어집니다. 첫째는 일자리 소득, 둘째는 금융 소득, 셋째는 공공이나 민간이 지원하는 소득입니다. 이 복합소득은 지금도 개인의 소득 구성의 세 범주이지만, 복합소득사회를 강조하는 이유는 이 세 범주가 새롭게 구성되어야 한다는 것을 강조하기 위함입니다. 산업사회에서는 단일 일자리 소득이 모든 소득의 주 원천이지만, AI시대가 고도화될수록 일자리 소득도 복합화되고 금융 소득과 지원 소득의 비중이 커질 수밖에 없습니다.

일자리만 하더라도 정규직, 평생직장, 나인 투 파이브라는 공식이 깨지면서 성과 위주의 마이크로 일자리와 복수 직업이 일반화될 것입니다. 이런 가운데 AI혁명이 정부와 사회의 개입 없이 자기 논리에 따라 무차별적으로 진행된다면 소득 불평등과 자산 불평등은 더욱 심화될 것입니다. 이에 필자의 복합소득사회론은 크게 두 부분으로 이루어집니다. 우선, 소득의 다원화에 대응해 사회 정책 국가 시스템을 직장 단위에서 개인 단위로 옮길 것을 제안합니다. 그리고 자산 불평등에 대응해 공공이 청년들에게 1억 원의 자산을 마련해 줄 것을 제안합니다.

직장 단위에서 개인 단위로의 사회 시스템 전환

두 개 이상의 일자리를 가진 사람들이 갈수록 늘어나고 있습니다. 본업과 부업의 경계도 사라지고, 'N잡러'는 특히 2030세대에게서는 흔한 현상이 되고 있습니다. 소득원의 다양화도 날이 갈수록 심화되고 있습니다. 과거에는 일반 근로자의 경우 근로소득이 대부분이었다면, 지금은 사업 소득, 금융 소득, 연금 소득에 대한 의존도가 점점 더 커지고 있습니다. 하지만 우리나라는 여전히 개인이 단일 직업과 단일 고용관계에 생애 전체를 의존하던 산업사회 패러다임에 기초하고 있어, 이러한 직업의 다양화와 복합소득사회에 대응하지 못하고 있습니다.

민주당이 추진하고 있는 '근로자추정법'이 바로 낡은 패러다임에 아직 머물러 있는 아주 좋은 예입니다. 진보 세력은 그동안 보험설계사나 골프장 캐디 등 특수고용노동자나 배달 라이더 같은 플랫폼 노동자들에 대해 '근로자성'을 강화하는 방향으로 정책을 추진해 왔습니다. 근로자추정법은 근로자인지 사업자인지 지위가 모호했던 사람들에 대해 일단 근로자로 추정하고 분쟁이 생길 경우 근로자가 아니라는 입증 책임을 사용자가 지도록 하는 제도입니다. 이 법이 통과되면 약 870만 명이 근로자로 추정됩니다.

표면적으로 보면 이는 노동 보호를 강화하는 좋은 제도입니다. 하지만 세금 문제 때문에 근로자 지위를 피하는 경우도 많고, 업종마다 특성이 다르며, 무엇보다 근로자성 판단 기준이 명확하지 않기 때문에 사업장에서 혼란이 커지고 소송 대란이 일어날 가능성이 높습니다. 또한 사업주 측에서는 4대 보험을 비롯해 추가 부담을 지기 때문에, 고용 회피, 외주화, 자동화를 시도할 것이며, 이는 중장기적으로 일자리의 감소로 귀결될 것이

뻔합니다. 근로자추정법은 노동 보호를 명분으로 노동 자체를 축소해 청년들을 더 깊은 실업의 수렁으로 빠뜨릴 수 있습니다.

좌파의 근로자성 강화 정책의 근본적인 문제는 소송의 발생이나 일자리의 감소를 차치하고라도 21세기의 새로운 현실을 전혀 반영하지 못하고 있다는 점입니다. 복합소득사회의 개인은 이미 여러 소득을 동시에 가지고 있고, 여러 플랫폼이나 사용자와 관계를 맺고 있으며, 소득의 성격은 혼합되어 있습니다.

예컨대 어떤 청년 N잡러가 A플랫폼에서는 근로자에 가깝고, B플랫폼에서는 사업자에 가까우며, C소득은 자산, 저작권, 데이터로부터 올린다 할 때, 근로자추정법은 이 복합성을 처리할 수 없으며, 결국 일부 소득만 근로 소득으로 처리되고 다른 소득은 음성화되어 법적 회피를 발생시키게 될 것입니다. 또한 새로운 플랫폼이나 새로운 직업 형태가 나타날 때마다 법률에는 예외 조항이 생기고 새로운 판례가 추가되어야 합니다. 제도는 누더기가 되고 예측 가능성이 사라져 현실을 규율하는 것 자체가 불가능해질 것입니다.

이제는 이와 같은 산업사회 패러다임에서 벗어날 때가 되었습니다. 특고나 플랫폼 노동의 인권 문제가 방치되어서는 안 되지만, 그 해법은 모든 사람을 근로자로 묶는 데 있지 않습니다.

   AI시대, 대한민국 청년을 다시 세우다

해법은 '근로자가 아니면 보호받지 못하는 사회'가 아니라, '근로자가 아니어도 시민으로서 기본적 보호를 받는 사회'입니다. 이는 노동 보호의 철학을 근로자 지위 중심에서 시민권 중심으로 전환하자는 것입니다.

이를 위해서는 국가 시스템의 제도 단위를 직장이 아니라 개인으로 전환해야 합니다. 소득도 개인을 단위로 합산하고, 여기에 기초해 과세 단위, 사회보험 단위, 권리·의무 단위도 개인으로 하는 것이 필요합니다. 이렇게 하면 국가의 노동 보호 의무도, 개인의 자유와 선택권도 동시에 강화할 수 있습니다.

에스토니아 전자정부는 모범적인 사례를 제공합니다. 에스토니아는 모든 국민과 거주자에게 디지털 ID를 부여하며, 이 디지털 ID는 행정, 은행, 건강보험, 투표, 세금 신고 등 다양한 서비스에서 공통 계정처럼 활용됩니다. 또한 정부와 민간을 연결하는 'X-Road'라는 국가 데이터 교환 시스템이 존재합니다.

이를 통해 세금, 소득, 사회보험, 건강·복지 데이터가 서로 안전하게 실시간으로 공유 연계될 수 있습니다. 개인과 기업의 소득 및 과세 정보는 이 국가 시스템에 전산으로 자동 기록 연계됩니다. 연말정산이나 세금 신고가 아닌 '자동보고' 시스템처럼 운영되므로 의료보험·연금보험 기여, 소득세 등이 한 곳에서 관리됩니다. 이렇게 통합된 데이터는 생애주기별 복지 서비스와도 자동 연계됩니다.

요컨대 에스토니아에서는 근로 소득, 자영업 소득, 기업 소득, 사회보험, 세금 정보가 분절적으로 흩어져 있지 않고, 하나의 디지털 인프라에서 상호 연계되어 있습니다. 이런 시스템 덕분에 임금, 프리랜서 소득, 금융 소득 등등 다양한 소득 형태를 같은 기준으로 관리할 수 있고, 세금 및 사회보험 기여 이력도 디지털로 기록 조회 납부되며, 미등록 소득이나 비제도화된 소득도 데이터 기반으로 관리될 수 있습니다.

우리나라도 기술적으로는 에스토니아 전자정부에 거의 버금가는 시스템을 갖추고 있습니다. 국민 모두에게 주민등록번호가 부여되어 있고, 국가는 개인 소득의 상당 부분을 이미 실시간으로 알고 있으며, 소득·세금·사회보험이 하나의 데이터 생태계로 묶여 있습니다. 다만 우리나라 시스템은 '고용 중심 모델'로서 하나의 직장, 상시 근로, 급여 중심 소득, 사용자와 근로자 사이의 명확한 경계 등을 전제로 하고 있어, 프리랜서, 플랫폼 노동, N 잡, 간헐적 비정기 소득 등은 제도적으로 '예외' 혹은 '특수'로 취급됩니다.

에스토니아가 다양한 소득 형태를 전제로 시스템을 설계했다면, 우리나라는 표준 고용을 중심으로 설계한 후 거기에서 벗어난 소득 부문을 사후적으로 보완한 것이라 할 수 있습니다. 따라서 복합소득사회로 가는 길은 생각만큼 대대적인 국가 개혁을 필요로 하지 않습니다. 국가 시스템의 패러다임을 직장에서 개인으로 옮기고 거기에 따라 기존의 시스템 구성 요소들을 재배열 수정 보완하기만 하면 됩니다. 이조차 쉽지 않은 과제이겠지만, 근로자추정법이 열어갈 세상보다는 21세기에 사는 국민들, 특히 청년들에게 훨씬 더 밝은 세상을 약속합니다.

복합소득사회를 위해 제도적으로 가장 먼저 필요한 것은 다중 소득의 합법성과 가시성을 제도적으로 보장하는 일입니다. 우선 겸업과 부업을 원칙적으로 허용하는 방향으로 규제의 기본 구조를 전환할 필요가 있습니다. 지금까지의 포괄적 겸업 금지 조항은 산업화 시대의 노동 통제 논리에 기초한 것으로, AI와 플랫폼이 결합된 환경에서는 과도한 직업 규제로 작동합니다. 겸업 자체를 금지할 것이 아니라, 이해충돌과 내부 정보 남용, 근무 시간 침해와 같은 구체적 위험에 대해 명확한 제한을 설정하면 됩니다. 겸업 가능 여부를 일일이 허가하는 방식이 아니라, 겸업을 금지해야 할 사유를 열거하는 방식으로 제도를 재설계해야 할 것입니다.

무엇보다 복합소득사회에 맞추어 조세 제도를 개편하는 일이 시급합니다. 현재 플랫폼 노동과 창작 활동은 제도적 가시성이 불충분합니다. 이러한 활동은 소득은 발생하지만 직업으로는 제대로 분류되지 않고, 사회보험과 조세 제도에서는 불완전하거나 불리한 소득으로 취급됩니다. 그 결과 소득을 신고하면 손해를 보고, 숨기면 위험을 감수해야 하며, 일정 수준을 넘는 순간 과도한 부담이 한꺼번에 부과됩니다. 새로운 경제 활동은 위축될 수밖에 없습니다. 소액·불규칙 소득에 대해 간편 신고와 자동 합산이 가능한 별도의 제도적 경로를 마련하고, 직업 분류 체계에 크리에이터와 플랫폼 노동자, 지식 기반 기여자를 명시적으로 포함시킬 필요가 있습니다.

과세 구조 역시 '소득의 형태'가 아니라 개인의 총소득을 중심으로 재편되어야 합니다. 현재의 과세 체계에서는 개인들이 동일한 금액을 벌어도 임금 소득과 사업 소득, 기타 소득에 따라 세율과 비용 인정, 사회보험 연계에서 불리함이 발생해, 다중 소득을 사실상 억제하게 됩니다. 소득 유형 간의 인위적 구분을 완화하고, 개인 단위의 통합 소득 계좌를 통해 총소득 기준으로 누진 과세를 적용하는 방식으로 전환할 필요가 있습니다. 특히 초기 단계의 소규모 소득에 대해서는 사회보험 부담을 유예하거나 소득세 부과가 아닌 세액공제 중심으로 접근함으로써, 새로운 활동이 제도 안에서 성장할 수 있는 여지를 남겨야 합니다.

사회보험 제도의 개편은 이 모든 변화의 핵심입니다. 현재의 사회보험은 소득이 일정 수준을 넘는 순간 보험료가 급격히 증가하거나 자격이 박탈되는 단절 구간을 포함하고 있어, 추가적인 소득 활동이 오히려 순소득을 감소시키는 역설을 낳습니다. 앞으로는 임금 노동과 플랫폼 노동, 프리랜서 소득이 혼합된 삶이 지배적인 삶의 형태가 될 것이기 때문에, 개인 단위 사회보험 모델로 전환해 여러 소득원을 가진 개인이 하나의 보험 계정 아래에서 점진적으로 부담을 늘려갈 수 있도록 설계해야 할 것입니다. 소득을 합산하고 이동성을 전제로 설계된 사회보장 체계가 특고나 플랫폼 노동자에게 더 나은 사회적 안전망을 제공할 수 있습니다.

국가는 소득 재분배 정책을 통해 개인에게 또 하나의 소득원이 됩니다. 복지국가의 이상도 개인에게 상당 정도의 소득을 보장하는 것이었습니다. 소득의 주체로서 국가 역할은 앞으로도 계속되어야 합니다. 하지만 국가가 처음부터 끝까지 개인을 책임질 수 없으며, 개인의 자유와 선택권은 존중되어야 합니다. 특히 4차 산업혁명과 AI 혁명이 열어가는 미래는 날이 갈수록 국가 제도가 닫힌 설계에서 벗어나 변화에 능동적으로 대응할 수 있는 열린 설계일 것을 요구합니다. 기존의 산업사회 패러다임은 족쇄가 될 가능성이 높습니다. 따라서 국가는 개인 소득의 한 주체를 넘어 개인의 다양한 소득 활동을 가능하게 하는 인프라 제공자로 자신의 역할을 다시 규정해야 합니다.

청년에게 1억 원을 만들어주자: 청년 중산층 만들기 프로젝트

대한민국의 지속가능한 발전과 미래세대를 위한 공정한 사회를 만드는 데 가장 위협이 되는 것은 소득의 불평등을 넘어선 자산의 양극화와 이로 인한 계층 고착화 현상입니다. 현재의 청년세대는 부모의 자산 규모에 따라 사회적 출발선이 결정되는 '수저 계급사회'의 구조적 모순 속에 놓여 있습니다. 이를 완화하기 위해서는, 우리 청년들이 적어도 사회적 출발선에서는 대한민국의 평균적 삶의 조건에서 자기 삶을 스스로 영위해 나갈 수 있는 최소한의 자산 형성을 국가가 도와주겠다는 관점이 필요합니다.

필자는 부산시장으로서 이 문제를 아주 많이 고민해 왔습니다. 왜냐하면 부산의 청년들이 지난 20여 년간 계속 수도권으로 유출되고, 청년들의 삶의 조건들이 과거보다 더욱 팍팍해지는 것을 봐왔기 때문입니다. 문제는 수도권으로 전출한 청년들이 과연 원하는 삶을 영위하고 있는가입니다. 그들의 유출이 지역 발전에는 큰 장애가 되지만 그들이 수도권에서 행복한 삶을 영위한다면 감수하지 못할 바가 아니기 때문입니다. 그러나 현실은 그렇지 않습니다. 수도권으로 전출한 청년들의 다수가 초과밀 초스트레스로 고통을 받고 있고, 그중 80%가 삶의 조건이 마련되면 부산으로 돌아오고 싶다는 의사를 표시하고 있습니다. 국회미래연구원 조사에서도 인천과 서울의 청년 행복지수가 하위권이고 오히려 부산의 청년 행복지수가 특·광역시 중 1위였습니다. 그렇다고 부산의 청년들이 만족하는 것은 아닐 터입니다. 필자의 고민은 어떻게 하면 청년들이 한 판 인생을 주도적으로 살 수 있도록 할 것인가였습니다. 이를 위해 투자 유치도 적극적으로 하고 청년 일자리도 많이 만들었습니다. 그리하여 취임 전에 비해 청년 고용률은 15~29세 기준으로 40% 수준에서 45% 수준으로 끌어올렸고, 24세에서 39세 기준으로는 58%에서 68.5%로 대폭 끌어올렸습니다. 무직률은 10%로 줄였습니다. 그렇지만 여전히 문제는 남아 있습니다. 청년세대 안에서 자산 양극화 현상은 심화되었고, 서울이든 부산이든 만족할 만한 평균적 삶의 조건을 확보하는 것은 많은 청년들에게 어려운 과제로 남아 있기 때문입니다.

필자는 복합소득사회 관점에서 지원 소득에 대한 새로운 정책을 설계할 필요가 있다고 느꼈습니다. 지금도 중앙정부와 지방정부는 청년 정책이라는 이름으로 각종 지원책을 실시하고 있습니다. 이 지원책은 청년들이 목돈을 마련할 수 있도록 본인이 일정액을 저축하면 거기에 매칭해서 정부가 일부 기여하는 방식으로, 청년도약계좌나 청년미래적금 등이 그 예입니다. 하지만 이 청년목돈통장은 사실 정부 기여분이 3%에서 6%에 불과하기 때문에 실제로는 일하는 사람들에게 약간의 격려금을 주는 정도에 불과합니다.

서울시의 디딤돌 소득도 주목할 만한 정책 실험입니다. 중위소득의 85%를 기준으로 노동 소득이 그에 못 미치는 만큼 시가 보전하는 방법입니다. 현재 시범사업 중인데 그 효과는 상당한 것으로 평가됩니다. 마이크로 일자리를 가지거나 불안정한 소득을 가지는 청년들이 좀 더 나은 소득의 일자리로 옮겨가는 데 효과를 발휘하고, 저소득 청년들의 생활 안정에도 도움이 되는 것으로 나타났습니다. 다만 이를 본격 실시할 경우에는 매년 3조 2천억 원 정도가 들고, 기존 청년 복지 예산들을 통폐합해도 그 절반 정도는 들 것으로 예상됩니다.

저는 디딤돌 소득도 좋은 정책이지만, 이는 노동 소득에 매여 있는 정책이기 때문에 이와는 별도로 청년들에게 최소한의 자산 형성을 보장하는 지원 정책이 필요하다고 생각합니다. 결국 지금은 일자리 소득에서의 격차보다 자산에서의 격차가 더 큰 문제이고, 청년들의 초기 자산 형성을 적극적으로 지원한다면 그들이 상대적 박탈감을 극복하고 좀 더 큰 자신감과 희망을 가질 수 있게 될 것입니다. 그래서 저는 모든 청년들에게 일자리 소득과 관계없이 30대 후반에 1억 원을 만들어주는 프로젝트를 제안합니다. 아래에서는 이 프로젝트의 개괄만을 소개하겠습니다.

부산 청년 자산 형성 정책은 총 6조 원 규모의 가칭 '부산청년미래기금'을 조성하고, 부산의 청년들에게 두 트랙으로 자산 형성 프로그램을 제공하는 것으로 이루어집니다. 첫째 트랙은 '초기 시드머니 프로그램(First Seed Program)'으로, 만 19세에 도달해 사회에 신규 진입하는 모든 부산 청년을 대상으로 합니다. 둘째 트랙은 '청년 지분 프로그램(Youth Equity Program)'으로 위의 시드머니의 대상이 되지 않는 부산 청년을 대상으로 합니다.

초기 시드머니 프로그램

초기 시드머니 프로그램은 만 19세에 도달해 사회에 첫발을 내딛는 모든 부산 청년(또는 지역 정착 조건을 충족하는 유입 청년)을 대상으로 합니다. 이 프로그램은 청년들에게 '인생의 첫 지분'을 제공해 자본주의 시장의 일원으로 당당히 참여하게 만드는 '자본의 평등한 출발'을 목표로 합니다.

1) **초기 시드머니 투입**: 만 19세 진입 때 국가와 지자체가 1,000만 원을 일시 납입합니다. 이 자금은 전용 계좌인 '퍼스트 시드 전용 계좌(First Seed Account, FSA)'에 예치되어 만 24세까지 원칙적으로 인출이 제한됩니다. 이 자본은 저임금 단순 노동에 내몰리지 않고 전문 역량을 개발하거나 창업을 준비할 수 있는 '시간'을 벌어주는 투자가 됩니다.

2) **지속 형성 지원**: 초기 시드머니 투입 이후, 만 19세부터 24세까지 총 60개월 동안 정부와 지자체는 매월 20만 원(연 240만 원)을 추가로 적립 지원합니다. 5년의 기간이 만료되면 정부 지원금만으로도 총 1,200만 원의 원금이 추가되어, 초기 시드머니와 합산 시 총 2,200만 원의 '공공 기여 원금'이 확보됩니다.

3) **개인 매칭 및 세제 혜택**: 청년 개인은 본인의 여력에 따라

월 최대 50만 원(연 600만 원)까지 자유롭게 납입할 수 있습니다. 개인 납입금에 대해서는 계좌 내에서 발생하는 이익과 손실을 합산해 순이익에 대해서만 과세하는 '손익통산'을 적용하고, 비과세 한도를 서민형 기준 1,000만 원까지 확대해 절세 효과를 극대화합니다.

이 프로그램을 시행할 경우, 만 39세가 되는 시점에는 원금이 수익률에 따라 약 2억 원 중반대의 자산으로 불어날 수 있습니다. 특히 정착 인센티브 500만 원을 추가 지급할 경우, 만 24세 청년은 사회생활 5년 만에 부모의 증여 없이도 약 9,000만 원 수준의 초기 자본을 확보하게 됩니다. 이는 청년이 스스로의 노력과 국가의 지원만으로 중산층으로 진입할 수 있는 '자수성가형 사회 구조'를 복원하며, 자산 형성의 '가속도 효과'를 체감하

<표 5> 시드머니 프로그램 시행 후 추정 자산

시점	연 5.0퍼센트 수익률 추정 자산	연 8.0퍼센트 수익률 추정 자산
5년 후(만 24세)	약 7,150만 원	약 8,320만 원
10년 후(만 29세)	약 9,120만 원	약 1억 2,200만 원
20년 후(만 39세)	약 1억 4,800만 원	약 2억 6,300만 원

* 최초 1,000만 원 예치+5년간 정부 지원(월 20만 원)+개인 최대 납입(월 50만 원)+취업/정착 보너스(누계 500만 원)

게 할 것입니다.

청년 지분 프로그램

청년 지분 프로그램은 시드머니 지급 대상을 벗어난 만 20~39세 청년을 위한 프로그램으로, 직접적인 현금 지급 대신 '부산청년미래기금'의 지분 참여 구조를 통해 자산을 형성합니다. 이는 지역사회 기여도와 자산 성장을 연동하는 '기여 기반 자본주의' 모델입니다.

1) **지분 배정 메커니즘**: 부산청년미래기금을 지분화(unitization)하고, 청년들이 특정 활동을 수행할 때마다 기금의 지분을 토큰 형태로 배정받습니다. 1유닛(unit)의 가치는 초기 10만 원으로 설정됩니다.

2) **연령별 차등 지급 구조**: 지급 규모는 청년의 생애 주기와 복리 기간을 고려해 연령대가 높을수록 더 많은 유닛을 지급하도록 설계됩니다.

이 프로그램의 지분 지급은 단순히 부산에 거주하는 것만으로 주어지는 시혜적 조치가 아닙니다. 청년들은 거주 유지, 교육

  AI시대, 대한민국 청년을 다시 세우다

⟨표 6⟩ 연령별 유닛 차등 지급 구조

연령대	지급 유닛	환산 가치	기대 효과 및 배경
20~24세	80 Unit	800만 원	가장 긴 복리 기간 활용 가능, 인생 설계 초기 자본
25~29세	100 Unit	1,000만 원	사회 초년생의 독립 및 주거 자금 기반 마련
30~34세	150 Unit	1,500만 원	창업 및 자기 계발을 위한 레버리지 자산
35~39세	200 Unit	2,000만 원	노후 대비 자산 형성의 마중물 역할

이수, 지역 경제 기여 등의 조건을 충족해야 기본 지분이 활성화됩니다. 특히 부산 소재 전략산업 선도 기업에 취업하거나 지역 내 창업 시 추가적인 인센티브 지분이 부여됩니다. 청년미래기금 운용 수익의 80%는 청년 투자자에게 귀속되어 지분 가치 상승에 즉시 반영되며, 나머지 20%는 미래 기금으로 재투자되어 정책의 지속성을 담보합니다. 또한 개인별 추가적 지분 투자도 가능하도록 하여 자산 증식의 툴로 활용하도록 합니다.

부산 청년 자산 형성 프로젝트의 실질적인 동력은 총 6조 원 규모의 부산청년미래기금의 조성과 전문적인 운용에 있습니다. 이 자금은 부산시 1조, 산업은행과 기업은행, 부산은행 등으로부터의 정책 금융 1조, 민간 투자 1조, 청년 개인 투자 3조로 마련하는 것으로 생각하고 있습니다. 이 기금은 단순한 저축 지원을 넘어 글로벌 국부펀드 수준의 고도화된 운용 전략을 채택할 것입니다.

이 프로젝트는 장기적으로 기본소득의 맹아가 될 수 있습니다. 그리고 펀드를 어떻게 운용하느냐에 따라 수익률은 달라질 수 있습니다. 특히 디지털 금융을 적극적으로 활용하고, 부산 시민 모두에게 디지털 지갑을 제공해 동백전을 포함해 시민들에게 지원되는 예산들을 효과적으로 운용한다면 시민들과 청년들에게 더 많은 혜택이 돌아가도록 설계할 수 있습니다. 시정에 첨단 금융기법을 결합하는 혁신 역량을 발휘해야 진정한 디지털 금융도시가 될 수 있기 때문입니다.

이 정책은 부산이 먼저 시행할 것이지만 얼마든지 전국화할 수 있는 정책입니다. 수도권 일극체제를 극복하고 혁신균형발전을 이루려면 지방에 청년들이 넘치도록 해야 하는데, 비수도권 청년들을 대상으로 이 정책을 먼저 시행할 수 있게 할 수 있습니다. 여기에 국비 지원을 해주고 지방정부 예산을 매칭해 이 정책을 실행한다면 효과를 배가할 수 있습니다. 서울은 디딤돌 소득과 같은 방식으로 정책을 추진하고 지방은 청년 중산층 만들기 프로젝트로 접근하면 됩니다.

청년들을 금융 전문가로 키워라

AI시대는 고도의 금융경제 시대와 함께 옵니다. 전 국민이 단순히 금융 이용자가 아니라 금융 투자자가 되는 시대가 될 수밖에 없습니다. 따라서 우리 국민들을 일자리 소득과 지원 소득에 더해 금융 소득을 더 안정적으로 더 많이 얻을 수 있게 하는 일은 국가 정책적으로도 매우 중요합니다. 단순히 주가지수가 많이 오르게 하는 것도 중요하지만, 사실 이 과정에서 금융 전문가와 비전문가 사이에는 자칫 자산 격차가 더 커지고, 부자만 더 부자가 되는 현상이 심화될 수 있습니다. 청년들부터 금융 메커니즘에 대한 올바른 지식과 숙련을 가지고 금융 시장에 참여하도록 교육, 훈련해야 합니다. 이전에도 금융 교육이 산발적으로 진행되고 있었지만 전면화되지도 못했고, 유의미한 성과를 거두지 못한 이유가 '지식 전달(financial literacy)'과 '행동 변화(financial behavior)' 사이의 간극을 메우지 못했기 때문입니다. 단순 강의형 교육은 금융 개념에 대한 이해도는 높일 수 있으나, 실제 소비 통제나 장기 투자로 이어지는 심리적 기제를 자극하지 못합니다.

미국의 '주니어 어치브먼트(Junior Achievement)' 연구에 따르면, 금융 교육은 참여자가 "나는 돈을 관리할 수 없다"는 부정적 인식에서 "나는 자산을 통제하고 증식할 수 있다"는 긍정적 효능감으로 전환될 때 비로소 행동으로 나타나고 긍정적인 결과를 만들어 낼 수 있습니다. 또한 영국의 '금융연금자문서비스(MaPS)'는 청년들이 디지털 환경에서의 '돈의 비가시화'로 인해 지출에 대한 감각을 상실하고 있다는 점을 지적하며, 실시간 피드백과 가시적인 자산 증식 경로를 이해하는 것이 필수적임을 강조합니다. 따라서 부산형 모델은 지식 습득 단계를 넘어 실습과 보상이 결합된 행동 경제학적 유인 구조를 설계하는 데 집중하고자 합니다.

이미 외국의 여러 금융 선진국들은 이런 교육과 실행 프로그램을 나름대로 전개하고 있습니다. 우리는 이에 관해서는 상당히 늦은 편입니다. 우리는 이렇게 정책 설계를 하고자 합니다.

우선 고등학교 때부터 금융 교육을 실시합니다. 돈의 흐름과 기제, 그리고 시스템에 대한 이해부터 시작해서 금융 자산을 어떻게 만드는지에 대한 이해를 할 수 있게 합니다. 아울러 가상투자 실험 교육 등을 하고 소액의 바우처를 제공해 실제 금융 투자를 경험하게 할 수 있습니다. 고등학교 이후에는 공공과 대학이 다양한 금융 교육 프로그램을 만들어 실행할 수 있습니다.

일정한 금융 교육을 이수하면 시드머니를 제공할 수 있습니다. 1,000만 원 정도의 낮은 금리의 시드머니를 제공하고, 이를 바탕으로 투자를 경험하게 하고 일정 기간 이후에 원금을 환수합니다. 이 시드머니를 가지고 얼마나 안정적인 수익을 내었는가는 그 사람의 금융 레코드이자 신용 레코드가 되도록 평가해주는 시스템도 함께 병행하는 것이 좋습니다.

더 구체적인 실행 계획을 본다면, 우선 청년들은 지급받은 1,000만 원의 시드머니 중 일정 비율을 반드시 직접 설계한 포트폴리오에 따라 운용하도록 합니다. 이는 한국거래소(KRX)와 BNK부산은행의 인프라를 활용해 안전 자산(예적금)과 위험 자산(ETF 등)의 비중을 조절하는 실습을 포함합니다. 청년 각자가 자신의 재무 목표(주거 마련, 창업, 여행 등)에 맞춘 개인별 포트폴리오를 수립하고, 이를 정기적으로 리밸런싱하는 과정을 통해 시장의 흐름을 몸소 체득하게 합니다.

그리고 AI 기반 개인 금융 코치 및 멘토링 시스템을 도입합니다. 디지털 네이티브 세대인 청년들을 위해 AI 기반의 자산 관리 앱을 쓰도록 합니다. 이 앱은 청년의 소비 데이터를 실시간 분석해 "이번 달 '욕구' 지출이 예산을 초과했습니다"와 같은 알림을 보내며 행동 변화를 유도합니다. 또한, BIFC 공공기관 임

직원과 대학생 멘토로 구성된 '부산 금융 멘토단'을 운영해, 온라인의 한계를 보완하는 대면 멘토링을 통해 청년들이 청년들의 효과적 자산 관리와 투자를 안내합니다.

필자의 복합소득사회론은 전반적으로 아직 구상 단계에 있습니다. 부산 청년을 위한 1억 원 자산 형성 프로젝트 같은 것은 조금 더 정교하게 다듬으면 실제 정책으로 바로 전환될 수 있겠지만, 다른 여러 제안은 문제제기에 가깝습니다. 사회 정책 시스템을 직장 단위에서 개인 단위로 바꾸는 것은 보기보다 쉬운 일이 아닙니다. 전환 과정에서 기존 시스템에 비해 손해를 보는 집단이 생길 수도 있기 때문에 예상치 못한 사회갈등을 유발할 수도 있습니다. 하지만 기존의 산업사회 패러다임으로 AI시대의 파고를 넘을 수 없다는 것은 명백합니다. 지금 시점에서 중요한 문제의 소재지를 분명히 확인하고 문제를 제기하는 것만으로도 의미가 있다고 생각합니다. 구상 단계에서나마 복합소득사회론을 제안하는 것도 이런 이유입니다.

|5|
미래세대의 행복을 위한 열쇠, 교육 대전환

AI시대에 사람들은 졸업하지 않는다

AI시대에 와서 일자리는 본질적 변화를 겪고 있습니다. 이러한 변화는 단순히 기술이 인간의 일을 대체한다는 것에 그치지 않습니다. 핵심은 직업의 소멸이 아니라 일자리의 성격 자체가 바뀌고 있다는 점입니다. 일자리의 구조와 시간성이 근본적으로 바뀌고 있습니다. 산업사회와 정보화사회에서 개인의 생애는 비교적 단순한 궤적을 그렸습니다. 청소년기에 교육을 받고, 성

인기에 취업해 숙련을 축적하며, 일정한 직업 정체성을 유지한 채 은퇴로 향했습니다. 이 경로는 기술 변화가 완만하고 숙련의 유효기간이 길었기에 가능했습니다.

그러나 AI시대에는 이 모든 것이 붕괴합니다. AI시대에는 업무 단위가 해체되며, 이는 일자리와 교육에 큰 영향을 미칩니다. 과거에는 직업이 비교적 안정적인 역할 묶음(role bundle)으로 존재했습니다. 회계사, 기자, 변호사, 엔지니어라는 직업은 각각의 고유한 업무 세트를 갖고 있었고, 교육은 그 세트를 습득하도록 설계되었습니다. 그러나 AI는 이 업무 묶음을 분해합니다. AI시대에 업무는 세분화되고 분절화되며, 반복적·규칙적 과업은 알고리즘과 자동화 시스템으로 이전됩니다. 인간에게 남는 영역은 문제 정의, 판단과 책임, 복합적 맥락 이해, 사람들 사이의 조정과 설득, 그리고 AI 시스템의 설계·활용·감독과 같은 고차적 비정형적 과업입니다.

이러한 업무 단위의 해체로 인해 AI를 능숙하게 활용하는 개인과 그렇지 못한 개인 사이의 생산성 격차가 과거 어떤 기술혁명보다 커집니다. 고차적 과업을 담당하는 숙련 업무 옆에서는 자동화 시스템을 보조 운영하는 저숙련 업무가 확대됩니다. 그 결과 중간 숙련의 안정적 일자리는 줄어들고, 고숙련과 저숙련

이 동시에 증가하는 양극화가 심화합니다. 이는 단순한 임금 격차가 아니라 노동시장 내 계층 분화로 이어집니다. AI는 평균을 끌어올리는 기술이 아니라, 상위 인재의 한계 생산성을 극단적으로 증폭시키는 기술이라고 할 수 있습니다.

AI시대에는 직무의 유통기한도 단축됩니다. 직업 안정성의 붕괴와 이동성의 상시화가 이 시대의 특징입니다. 특정 기술과 지식의 경제적 가치는 더 이상 한 세대를 지속하지 않습니다. 기술 진보의 속도 때문에 노동시장은 개인에게 끊임없는 전환을 요구합니다. 과거의 노동자는 '평생직장'에 다니며 동일한 혹은 유사한 '평생직무'를 수행했습니다. 하지만 AI시대에 성공하려면 노동자들은 '평생역량'을 가져야 합니다. 그리하여 일자리는 특정 기업이나 직무에 묶이지 않고, 프로젝트·플랫폼·지역·국경을 넘나드는 형태로 재구성되고 있습니다.

이러한 환경에서 기존 교육 패러다임은 구조적 한계에 봉착합니다. 한국의 교육 시스템은 여전히 청소년기에 모든 교육적 자원을 집중하고, 표준화된 상대평가를 통해 학생을 서열화하며, 한 번의 선발로 노동시장 지위를 장기간 규정하는 산업사회 모델을 유지하고 있습니다.

이 모델은 고성장기에는 효율적이었지만, AI시대에는 더 이상 작동할 수 없습니다. 우선, 지식 중심 교육이 무력화됩니다. AI 는 이미 인간보다 훨씬 빠르고 정확하게 지식을 검색·요약·적용합니다. 그럼에도 한국 교육은 여전히 얼마나 많이 알고 있는가를 측정하는 데 머물러 있습니다. 이 때문에 학생들은 질문하는 법, 문제를 정의하는 법, 불확실성을 다루는 법을 배울 기회를 거의 가지지 못합니다. 이런 교육으로는 AI시대의 고숙련자를 키울 수 없습니다.

둘째, 기존 교육 패러다임에서는 정답 중심의 사고가 고착됩니다. AI시대의 문제는 대부분 정답이 없습니다. 정책, 기술 윤리, 기후, 도시, 에너지, 복지, 노동 문제는 모두 상충하는 가치와 불완전한 정보 속에서 판단해야 합니다. 그러나 한국 교육은 여전히 '하나의 정답'을 전제로 사고하도록 훈련합니다. 이는 AI와 경쟁해야 할 인간의 강점을 오히려 제거합니다.

셋째, 한국의 평등주의 교육은 속도와 다양성을 억압해 왔습니다. 그 결과 기회의 평등을 제공하는 것이 아니라 속도의 강제로 작동해 왔습니다. 잘하는 학생은 기다리게 하고, 다른 방식으로 배우는 학생은 낙오자로 만듭니다. AI시대에는 학습 속도와 경로의 차이가 오히려 생산성의 원천이 되는데, 평등주의 공교육은 이를 체계적으로 억압해 왔습니다.

특히 한국식 평등주의 교육은 결과의 평등을 지향했으나, 실제로는 과열 경쟁과 사교육 의존을 심화시켰습니다. 공교육은 능력 격차를 완화하기보다 교실을 입시 대기 공간으로 전락시켰고, 교육은 역량 형성의 과정이 아니라 선발을 위한 통과의례가 되었습니다. 그 결과 상위권은 과잉 교육에, 하위권은 조기 낙오에 노출되었고, 교육은 사회 이동의 사다리가 아니라 불평등을 증폭시키는 장치가 되었습니다.

AI시대의 교육 전환은 이 상태를 근본적으로 바꾸는 것을 의미합니다. 교육의 중심축은 청소년기 선발에서 전 생애 역량 갱신으로 이동해야 합니다. AI시대에 사람들은 졸업하지 않습니다. 여기서 평생교육의 중요성이 새롭게 대두됩니다. 한국의 평생학습은 오랫동안 교양·취미·복지의 영역에 머물러 왔습니다. 노동 전환과 직무 재설계를 위한 학습 체계는 파편적이고, 기업·대학·정부 간 연계도 약했습니다. 하지만 AI시대의 평생학습은 퇴직 후 배움이나 여가 활동이 아닙니다. 더 이상 공식 학교 교육에 사족으로 달리는 부수적 정책 영역이 아닙니다. 그것은 노동시장에 반복적으로 진입하고 이탈하며 다시 연결될 수 있게 하는 핵심 인프라입니다. 바꾸어 말해, 노동시장 안정성과 국가 경쟁력을 좌우하는 핵심 인프라입니다.

　새로운 평생교육 체계에서 개인은 한 번의 학위로 평생을 버티지 않습니다. 대신 생애 전반에 걸쳐 역량을 갱신하고, 기술 변화에 따라 학습과 노동을 오가며, 필요할 때 다시 교육 체계로 돌아올 수 있어야 합니다.

　따라서 평생학습 체제의 첫 번째 핵심 요소는 노동-학습 병행 구조의 제도화입니다. 학습은 휴직이나 실업 상태에서만 이루어지는 것이 아니라, 재직 중에도 자연스럽게 이루어져야 합니다. 이를 위해서는 단기·모듈형 교육, 온라인과 오프라인의 결합, 학습 결과의 공식적 인증이 필요합니다.

　둘째, 학습 이력의 자산화입니다. 평생학습이 실효성을 가지려면, 배운 것이 노동시장 이동에 실제로 유용하도록 해야 합니다. 이를 위해 단기간에 특정 부분의 기술을 취득하도록 하는 마이크로 자격, 작은 단위의 자격증을 차곡차곡 쌓아 더 높은 수준의 전문 자격을 받도록 하는 스택형 자격, 직무 기반 인증 체계 등이 필요합니다.

　셋째, 대학의 역할 전환입니다. 대학은 더 이상 18세에서 22세 사이의 정규 학생만을 위한 공간이 아닙니다. AI시대의 대학은 지역사회의 평생역량 허브로 재편되어야 합니다. 학위 중심의 폐쇄적 구조에서 벗어나 성인 학습자, 전환기 노동자, 재취업

　　　　　　　AI시대, 대한민국 청년을 다시 세우다

희망자에게 열린 교육 플랫폼이 되어야 합니다. 단순히 대학생의 취업률을 제고하는 것을 넘어, 지역 산업 수요를 대학 교육 설계에 반영하고, 그 교육이 평생 재교육과 지역 정착으로 이어지는 순환 구조를 만들어야 합니다.

해외 사례는 이 방향의 타당성을 분명히 보여줍니다. 독일은 직업 교육과 재교육을 고용보험 제도와 강하게 결합해 노동 전환기의 소득과 학습을 동시에 보장합니다. 덴마크는 성인 재교육을 개인의 권리가 아니라 사회의 의무로 간주하며, 전환기 노동자에게 학습 시간을 제도적으로 보장합니다. 싱가포르는 '스킬즈 퓨처(Skills Future)'를 통해 개인별 평생학습 계좌를 운영하며, 국가가 개인의 역량 갱신을 장기적으로 지원합니다. 이들 국가의 공통점은 평생교육을 교육부 정책이 아니라 노동·산업·재정 정책의 교차점에 둔다는 데 있습니다.

AI시대에는 인재의 국적보다 이동성과 연결성이 중요해집니다. 그럼에도 한국의 인재 정책은 여전히 단기 체류와 단순 노동 중심에 머물러 있습니다. 이제는 연구·창업 연계 비자, 지역 정착 인센티브, 대학·기업·지자체가 함께 참여하는 인재 유치 전략을 통해 해외 고급 인재를 국내 교육·산업 생태계로 편입시켜야 합니다. 이는 국내 인재를 대체하는 정책이 아니라, 기술 이전과 협업 학습을 통해 국내 청년의 역량 상향을 촉진하는 장치입니다.

결국 AI시대의 교육 대전환이란 한 번의 교육으로 평생을 버티는 사회에서, 평생학습으로 끊임없이 다시 시작할 수 있는 사회로의 전환입니다. 이 전환은 개인의 노력만으로 달성될 수 없습니다. 평생교육, 지역대학, 지산학 협력, 해외 인재 순환이 하나의 체계로 결합할 때 비로소 가능합니다. 교육은 더 이상 과거의 성취를 증명하는 제도가 아니라, 미래의 가능성을 지속적으로 열어 주는 국가 시스템이 되어야 합니다.

밑에서 위로 바꾸는 교육 대전환: 부산 글로벌 공교육 혁신 시스템

필자는 항상 교육문제에 큰 관심을 기울여 왔습니다. 2014년 출간한 《한국 사회 무엇을 어떻게 바꿀 것인가: 박형준의 공진국가 구상》 이래 제가 쓴 모든 책은 교육에 관한 장을 포함하고 있습니다. 교육 개혁은 지금 본격적으로 전개되고 있는 AI시대의 긴급한 요구일 뿐만 아니라 입시 교육이 낳은 깊고 오랜 병폐들로부터 해방되고 싶은 모든 학생과 학부모의 바람이기도 합니다. 공교육을 혁신하지 않고서는 학생들의 전면적 능력 개발과 온전한 자아실현도 불가능하고 국가 생산력 향상도 불가능합니다. 필자는 이번 기회에 부산의 공교육을 전면적으로 혁신하기 위한 '글로벌 공교육 혁신 시스템'을 구상해 보게 되었고, 여기서 이 구상을 펼쳐보고자 합니다. 단, 이 부산 모델은 언제든 대한민국 모델로 확장될 수 있습니다. 따라서 이 구상은 지역적인 정책 제안에 머무르지 않고 대한민국을 위한 정책 제안이라 할 수 있습니다.

AI시대 교육의 기본 가치와 방향

OECD 36개국 학생들의 역량을 비교한 연구에 따르면 한국 학생들은 학업 성취도에서는 4위를 기록했지만, 신체적 역량은 28위, 정신적 역량은 34위를 기록했다고 합니다. 우리의 교육은 진인 교육도, 훌륭한 인재를 양성하는 교육도 아니었고, 오히려 기형적인 인간을 키우고 있었던 것입니다.

지금까지 우리 교육은 단 하나의 정답을 향해 수십만 명의 아이들을 한 줄로 세워왔습니다. 우리 아이들은 좋은 대학이라는 '간판'이 인생의 1등석 승차권이라 믿는 가운데, 12년 동안 잠을 줄여가며 AI가 1초 만에 찾아낼 지식을 머릿속에 구겨 넣었습니다.

하지만 이제 그런 시대는 끝났습니다. AI가 소설을 쓰고, 코딩을 하고, 전문적인 법률 자문까지 수행하는 시대에 과거의 방식은 아이들을 미래로 인도하는 사다리가 아니라, 과거에 묶어 두는 족쇄가 되고 있습니다. AI가 정보 검색과 정리를 대신하는 시대에, 교육의 가치는 '무엇을 아는가'에서 '어떻게 질문하고 해결하는가'로 바뀌었습니다.

특히 다음과 같은 요소들이 중요합니다.

첫째, 비판적 사고와 질문력(prompt literacy)입니다. 더 나은 답을 얻기 위해 정교하게 질문하는 능력이 가장 강력한 자본이 됩니다. 아울러 AI가 내놓은 결과물의 오류를 잡아내는 환각(hallucination) 방지 능력을 키워야 합니다.

둘째, 인성 및 공감 능력이 더욱 중요해졌습니다. 기계가 대체할 수 없는 인간 고유의 영역, 즉 타인의 감정을 이해하고 설득하며 협력하는 능력이 교육의 중심이 되어야 합니다. 문제를 혼자 해결하는 것보다 함께 해결하는 능력이 중요하고, 좋은 사회적 관계가 행복의 필수 요소라는 것을 이해하도록 해야 합니다. 이를 위해서는 모든 수업이 협업을 앞세우는 프로젝트 베이스로 진행되도록 해야 합니다.

셋째, 신체적인 건강과 역량이 매우 중요합니다. 1세기 이상을 살아야 하는 인간에게 가장 필요한 요소는 건강이고, 체육 등을 통해 키워지는 신체 역량과 리더십이 어느 때보다 중요해질 것입니다.

넷째, 자기 주도적 학습(self-directedness)을 권장하고, 또 지식의 유통기한이 짧아지므로 평생 스스로 새로운 기술을 익히는 '학습하는 법(learn how to learn)'을 가르쳐야 합니다.

현재의 한 줄 세우기식 입시는 AI시대에 가장 뒤처진 방식입니다. 근본적인 구조적 변화가 시급합니다. 우선, 교육 과정을 '정답 찾기'에서 '문제 정의'로 바꿔야 합니다. 암기 위주의 객관식 시험을 폐지하고, 학생이 직접 문제를 정의하고 해결 과정을 증명하는 논·서술형 및 프로젝트 기반 평가(PBL)로 완전히 전환해야 합니다.

또한 학벌 중심에서 '역량 증명(micro-credential)'으로 바꿔야 합니다. 어느 대학 타이틀을 가졌느냐보다, "어떤 프로젝트를 수행했는가", "어떤 AI 툴을 다룰 수 있는가"를 입증하는 디지털 포트폴리오가 입시와 채용의 핵심이 되어야 합니다. 아울러 입시의 다변화가 중요합니다. 대학이 고등학교 교육의 종착지가 아니라, 마이크로 일자리와 창업으로 바로 연결될 수 있도록 입시 경로를 다양화해야 합니다.

중학교 교육 과정은 학생들이 초등의 기초 소양과 고등의 입시 준비 사이에서 가장 방황하는 시기이자 자아정체성이 형성되는 시기이기 때문에 가장 시급한 개혁 대상입니다. 한편으로 인문학 교육을 대폭 강화해야 합니다. 질문 능력을 키운다는 것은 인간과 사회, 역사와 우주를 이해하는 비판적 사고 능력을 키우는 것을 뜻하는데, 여기에는 인문학만큼 좋은 영양식은 없습니다. 독서와 토론, 발제와 글쓰기 중심으로 인문학 강의를 대폭 강화해야 합니다. 아울러 체육 교육을 대폭 강화해야 합니다. 평생 즐길 수 있는 1인 1기 이상의 스포츠 특기를 가질 수 있도록 하는 것이 좋습니다.

그리고 진로 탐색을 실전 체험 중심으로 바꿔내야 합니다. 단순히 직업을 구경하는 것을 넘어, 자신이 좋아하고 관심 있는 영역에서 실제 새로운 가치를 창출하는 경험을 해볼 수 있도록 중고등학교 과정이 바뀌어야 합니다. 아울러 AI를 활용해 국어, 수학, 사회 문제를 해결하는 방식을 전 교과 과정에 녹여내야 합니다.

교사의 역할도 달라질 수밖에 없습니다. '지식 전달자'였던 교사를 학생의 개별 포트폴리오를 관리하고 창의성을 끌어내는

‘러닝 코치(learning coach)’로 재교육하는 사업이 가장 우선되어야 합니다.

위에서 개괄적으로 제시한 방향 아래에서 필자는 부산 공교육 혁신안을 구상하게 되었고, 이를 가칭 ‘부산 글로벌 학습 체계(BGLS, Busan Global Learning System)’로 명명해 소개하고자 합니다. 물론 이 방안은 부산만이 아니라 대한민국 전체에도 적용될 수 있습니다.

부산 글로벌 학습 체계(BGLS)

부산을 명실상부한 글로벌 허브 도시로 도약시키기 위해서는 단순한 산업적 인프라 확충을 넘어, 교육 시스템 자체를 글로벌 표준에 맞춰 근본적으로 재설계해야 합니다. 현재의 공교육 체계는 입시 위주의 획일적 교육으로 인해 급변하는 글로벌 노동 시장의 요구를 반영하지 못하고 있으며, 이는 학부모들의 사교육 의존도를 높이고 지역 경쟁력을 약화시키는 주요 원인이 되고 있습니다.

이에 유치원부터 고등학교까지 이어지는 공교육의 전 과정을 세계적 수준으로 혁신하는 ‘밑에서 위로 바꾸는 부산 교육 대전환’ 정책을 제안하고자 합니다. 이 정책의 핵심은 부산에서 정규

교육 과정을 마친 학생이라면 별도의 사교육이나 유학 없이도 전 세계 명문 대학에 진학하거나 그에 준하는 성취를 이룰 수 있는 '부산 글로벌 학습 체계'를 구축하는 데 있습니다. 이것은 교육청과 지자체가 협력해 행정적·법적 장벽을 허물고, AI 기술과 국제 인증 교육 과정을 공공의 영역으로 끌어들이는 대규모 행정 혁신 프로젝트입니다.

이 프로젝트의 핵심은 단순히 해외 교육 과정을 도입하는 수준을 넘어, 유치원부터 고등학교까지 이어지는 교육의 수직적 연계성을 확보하고 생성형 AI 등 첨단 기술을 공교육의 핵심 동력으로 삼아 사교육이 제공할 수 없는 초개인화된 학습 경험을 제공하는 데 있습니다. 상향식 혁신을 통해 유치원과 초등학교 단계부터 AI 학습 환경을 공공재화해 부모의 경제력이 학력 격차로 이어지는 구조적 모순을 차단하는 것이 목표입니다. 이 프로젝트에서는 수능은 여러 선택지 중 하나에 불과합니다. 학생들은 국제 바칼로레아(IB), 영국 대입 시험(A-Level), 미국 대입 시험(SAT) 등 글로벌 표준 과정을 이수해 해외 우수 대학으로 진출할 수도 있고, 해외 진출을 하지 않더라도 얼마든지 글로벌 수준의 자격과 능력을 갖추고 국내 대학에 진학할 수 있습니다. 이는 다중 트랙 전략을 통해 수능 독점체제를 해체하는 의미를 지넙니다.

BGLS는 세계 최고의 교육 경쟁력을 보유한 싱가포르, 헬싱키, 보스턴, 런던의 사례를 참고해 구상되었습니다. 각 도시의 모델은 기술적 인프라, 교사 자율성, 교육 과정의 유연성, 진학 성과의 네 가지 측면에서 부산형 모델의 기반이 됩니다.

1) 싱가포르의 디지털 학습 생태계와 AI 거버넌스 연계: 싱가포르는 '평생학습(Learn for Life)' 정책을 통해 성적 중심의 경쟁에서 벗어나 평생학습 역량을 강화하고 있으며, 특히 '스킬즈 퓨처' 프로그램은 개인이 필요한 기술을 언제든 배울 수 있도록 교육비를 지원하는 모델로 부산의 교육 바우처 및 대학 혁신 정책에 시사점을 줍니다. 싱가포르는 'Smart Nation' 정책의 일환으로 'EdTech Masterplan 2030'을 추진하며, 국가 디지털 학습 플랫폼인 'SLS(Student Learning Space)'를 통해 전 교과에 AI를 통합하고 있습니다. 그렇다고 AI가 교사를 대체하지는 않으며, '인간 감독(human-in-the-loop)' 원칙에 따라 교사에 조력할 뿐입니다. 부산은 싱가포르의 LEA(Learning Assistant)와 SAFA(Short Answer Feedback Assistant) 기능을 벤치마킹해, 학생들의 서술형 답안에 대해 실시간 피드백을 제공하고 교사에게는 학생의 오

개념을 실시간으로 분석해 주는 데이터 대시보드를 제공할 수 있을 것입니다.

싱가포르의 SLS 내 AI 기능은 구체적으로 다음과 같은 메커니즘을 가집니다. SAFA는 생성형 AI를 활용해 자유 응답형 질문에 대해 권장 점수와 내용 관련 피드백을 자동 생성하며, 교사는 이를 검토하고 수정할 수 있습니다. 특히 수학 계산이 필요한 문항에는 'FA-Math(Feedback Assistant Mathematics)'를 사용해 단계별 힌트와 피드백을 제공하며, 이는 AI의 확률적 오류를 보완하는 역할을 합니다. 부산은 이러한 다층적 AI 비서 체계를 '부산형 AI 길잡이(B-AI Navigator)'에 도입해 공교육의 정밀도를 사교육 이상으로 끌어올릴 수 있을 것입니다.

2) 헬싱키의 교사 자율성과 현상 기반 학습 도입: 핀란드 헬싱키의 교육 시스템은 기술 도입에 앞서 교사의 전문성과 자율성을 극대화하는 것으로 유명하며, 교과 간 장벽을 허문 '현상 기반 학습(phenomenon-based learning)'을 통해 학생들이 실제 세상을 다학제적으로 이해하도록 돕습니다. 핀란드 교육은 입시 중심의 한국 교육과 달리 학습자의 흥미와 실제 문제 해결 능력을 강조합니다. 2025년 발표된 AI 교육 가이드라인은 AI를 단순한 도구가 아닌 학습 파트너로 정의하며, 학생들의 비판적 사고

력을 기르는 데 초점을 맞추고 있습니다. 헬싱키 모델은 'Innokas Network'와 같은 교사 주도형 혁신 네트워크를 통해 새로운 교육 기술을 학교 현장에서 실증하고 확산하는 구조를 가지고 있습니다. 부산은 이를 본받아 교사들이 직접 에듀테크 도구를 평가하고 수업에 도입할 수 있는 자율권을 보장하며 AI 윤리 교육을 교육 과정 전반에 통합할 수 있을 것입니다.

헬싱키 대학교 교육과학부와 협력하는 Innokas Network는 600개 이상의 핀란드 학교가 참여하는 독특한 라이브 랩 역할을 하며, 새로운 교육 혁신을 실제 학교 맥락에서 연구할 수 있게 합니다. 부산형 모델은 이러한 네트워크를 벤치마킹해, '교사 전문 학습 공동체'를 강화하고, 단순한 하드웨어 보급을 넘어 교사의 교수법 혁신을 지원하는 인프라를 구축할 수 있을 것입니다.

3) 보스턴과 런던의 국제 교육 트랙 및 대입 성공 사례 분석: 보스턴은 세계적 대학과 첨단 산업이 결합해 지역 인재를 양성하고 고용하는 생태계를 갖추고 있습니다. 특히 공립학교인 JQUS(Josiah Quincy Upper School)와 스노든국제학교(Snowden International School)는 IB 프로그램을 성공적으로 운영해 공교육의 질을 사립학교 수준으로 끌어올렸습니다. 부산은 보스턴의 직업 교육 경로와 대학 학점 선이수(Early College) 모델을 도입해

대학 진학뿐 아니라 글로벌 취업까지 포괄하는 다층적 교육 구조를 설계할 수 있을 것입니다.

런던의 MAT(Multi Academy Trust) 모델은 여러 학교가 하나의 트러스트로 묶여 자원을 공유함으로써 부진한 학교의 성적을 단기간에 개선하는 효과를 보았습니다. 특히 런던의 NCS(Newham Collegiate Sixth Form)는 주립학교임에도 불구하고 2023년 영국 대입에서 29.2%의 옥스브리지 합격률을 기록하며 명문 사립학교인 이튼 칼리지(28.9%)를 능가하는 성과를 거두었습니다. NCS의 성공 비결은 '엘리트 대학 프로그램(Elite University Programme)'을 통한 정교한 입시 준비와 개인별 맞춤형 지도, '교양과 예절(Polish & Etiquette)' 교육을 통해 학생들의 사회적 자본을 보완하는 데 있습니다. 부산은 이를 벤치마킹해 권역별로 '글로벌 진학 거점 센터'를 운영하고 A-Level과 같은 심화 교육 과정을 공교육 내에서 전문적으로 지도하는 체계를 구축할 수 있을 것입니다.

상향식 글로벌 공교육 구조

이상의 해외 최신 교육 모델을 참고해 이루어질 부산 교육 대전환은 생애 초기부터 글로벌 시민 역량을 체계적으로 쌓아 올리는 상향식 혁신을 기본 철학으로 하고 있습니다.

1) 유아 및 초등 단계_글로벌 기초 소양과 AI 기반 맞춤형 학습: 유치원 및 초등 저학년 단계에서는 부산형 통합 늘봄 프로젝트인 '온 부산이 온종일 당신처럼 애지중지'와 연계해 돌봄과 교육이 융합된 환경을 조성하며, '영어하기 편한 도시' 정책과 맞물려 자연스러운 외국어 노출 환경을 제공합니다. IB PYP(Primary Years Programme)의 탐구 단원을 도입해 학생들이 스스로 질문을 던지고 디지털 도구를 활용해 해답을 찾아가는 과정을 경험하게 합니다. 0세부터 초등학교 6학년까지 공공이 24시간 책임지는 돌봄 시스템을 구축해 맞벌이 가정의 교육 복지 사각지대를 해소합니다.

AI 활용 측면에서는 싱가포르의 '말하기 평가 도구(Speech Evaluation Tool)'와 같은 언어 분석 AI를 도입해 정확한 발음과 언어 표현력을 기르며, 초등학교 4학년 이후부터는 LEA와 같은 지능형 튜터를 통해 수학과 과학의 기본 원리를 탐구합니다. 부모의 경제적 배경이 학력 격차로 이어지는 것을 방지하기 위해 '부산형 공공 글로벌 기초학습센터'를 설립하고 방과 후와 주말에 영어, 코딩, 창의 융합 프로그램을 전액 공공 부담으로 운영

합니다.

 2) **중학교 단계_탐구 중심 교육과 글로벌 트랙의 탐색 및 연착륙**: 중학교 단계에서는 영국중등학교졸업시험(IGCSE)의 핵심 역량을 한국 교육 과정에 통합하며 학생들은 적성에 따라 인문, 사회, STEM(과학·기술·공학·수학) 등 다양한 교과 모듈을 선택할 수 있습니다. 중학교 3학년 과정을 고등학교 국제 트랙으로의 연착륙을 돕는 과정으로 운영해 중-고교 간의 학업 단절 문제를 해결합니다. IB MYP(Middle Years Programme)의 정신인 '질문하는 교실'을 구현해 단순 암기 위주 평가를 지양하고 연구 과제 수행과 토론 수업을 통해 자기주도적 학습 능력을 극대화합니다.

 또한 중학생 전원을 대상으로 AI 기반의 심층 적성 진단을 실시해 교과 성적뿐 아니라 프로젝트 수행 과정에서의 역할, 동료 평가, 흥미 데이터를 종합 분석하고 적합한 고교 트랙(수능, IB, SAT, A-Level 등)을 추천합니다. 이는 학생들이 자신의 강점에 기초해 진로를 사전에 탐색할 수 있는 데이터 기반 진로 가이드 역할을 합니다.

 아울러 전체 수업의 3분의 1을 인문학 및 예체능 수업으로 구성해, 인성을 닦고 심미적 감성적 이성적 능력을 함양합니다. 사회적 건강(social health)과 정신적 건강(mental health)을 강하게

   AI시대, 대한민국 청년을 다시 세우다

만드는 데 주력합니다.

 3) 고등학교 단계_다중 교육 트랙과 글로벌 진학 시스템 구축: 고등학교 단계에서는 학생의 진로 선택권을 보장하기 위해 '멀티 트랙' 교육 과정을 공교육 내에 구현합니다. 이는 학생들이 본인의 희망에 따라 국내 대학뿐 아니라 영미권, 유럽, 아시아 명문 대학으로 직접 진학할 수 있는 통로를 구축하는 것입니다.

- 한국 수능 트랙: AI 튜터를 통해 사교육 없이 수능 대비가 가능한 심화 학습 환경을 제공하며 디지털 공교육 체인지를 통해 수능 경쟁력을 강화합니다.

- IB Diploma 트랙: 대구와 제주의 성공 사례를 도입해 논술형·서술형 평가체제를 확립하고 전 세계 150여 개국 대학 진학 자격을 확보합니다. 부산시 교육청은 현재 연포초, 부산국제중 등 IB 인증학교와 양정초, 부산동여중 등 관심 학교를 포함해 연구학교를 운영 중이며 이를 대폭 확대할 수 있습니다.

- IGCSE+A-Level 트랙: 영국 명문대 진학에 최적화된 경로로 과학, 수학 등 특정 과목에 강점이 있는 인재를 글로벌 과학 기술 인재로 육성합니다.

- SAT/AP 트랙: 미국 명문대 입학에 필수적인 AP(advanced

placement) 과목을 다양하게 개설하고 공공 입시 지원 센터를 통해 SAT 시험 준비를 지원합니다.

- 특화 트랙: K-Pop 및 문화예술 트랙, 글로벌 연구·창업 및 디지털 크리에이티브 트랙을 통해 대학 진학 외에도 글로벌 IT 기업 취업이나 창업을 희망하는 학생들을 지원합니다.

사교육 대체 및 공공 진학 지원 시스템

위에서 유아 단계에서부터 고등학교 단계까지 부산 글로벌 학습 체계의 대강을 설명했습니다. 부산 글로벌 학습 체계에 대한 구상은 이외에도 교사들의 능력 향상 프로그램을 포함해 다른 여러 가지 요소를 가지고 있지만, 여기에서 모든 것을 설명할 수는 없습니다. 다만 사교육비 부담은 학부모들이 가장 염려하는 것이어서, 필자가 구상하는 새로운 공교육 시스템에서 이 문제를 어떻게 다룰 것인지에 대해 조금이라도 이야기해야 할 것입니다. 부산시는 사교육비가 가계 경제를 압박하고 출산율을 저하시키는 핵심 요인임을 인식하고, 사교육 기능을 공공 행정이 직접 흡수하는 강력한 대책을 시행하고자 합니다.

1) 공공 글로벌 학습센터 및 유니버시티 게이트웨이 운영: 부

산시는 거점별로 글로벌 학습센터를 건립하고, 방과 후와 주말에 IB, A-Level, SAT 대비 전문 강사진을 시가 직접 고용하거나 해외 명문대 출신 튜터를 배치해 사교육 시장의 킬러 콘텐츠를 능가하는 서비스를 제공할 것입니다. 또한 '글로벌 유니버시티 게이트웨이'를 통해 해외 대학 진학을 희망하는 학생들에게 원스톱 지원 체계를 구축하고 전 세계 주요 대학의 장학금 제도, 입시 전형 등을 체계적으로 데이터베이스화해 제공합니다. 런던의 NCS 모델을 벤치마킹해 에세이 및 인터뷰 전문 지도를 공교육 내에서 수행할 수 있도록 전문가를 초빙하고 공신력 있는 진학 지도를 수행합니다.

2) **위캔두 통합 학습 지원 체계 확대:** 공교육이 학습의 양과 질 모두에서 사교육을 압도할 수 있도록 '위캔두(We Can Do)' 프로젝트를 전면 확대합니다. 중학교 1학년부터 고등학교 3학년까지 주요 교과에 대한 심화 학습을 거점 학교를 통해 제공하며, 방학 기간에는 지역 대학과 연계해 숙박형 인성연수캠프를 무상으로 운영합니다. 단순 시청 위주 인터넷 강의에서 벗어나 AI 튜터와 실시간 질의응답이 가능한 '부산형 인터넷 강의 2.0'을 확대하고 다자녀 가구에는 포인트 제도를 통해 방과 후 학교 프로그램을 전액 지원합니다. '부산 AI 종합 전략'의 일환으로 온라

인 공개수업 플랫폼인 'ON-BDIA(Online Busan Digital Information Academy)'를 독자적으로 구축합니다.

'밑에서 위로 바꾸는 부산 교육 대전환' 정책은 단순히 입시 성적을 높이려는 단편적 대책이 아니라 도시의 생존과 번영을 담보하는 거대한 계획입니다. AI라는 첨단 기술적 도구와 IB라는 세계적 교육 철학을 공교육의 틀 속에 성공적으로 융합함으로써 부산은 사교육 공화국이라는 오명을 벗고 진정한 교육 자치와 혁신의 모델로 거듭날 것입니다.

이 정책이 실현되면 부산은 전 세계 어디에서도 유학을 오는 '글로벌 교육의 메카'가 될 것이며, 이는 수도권 집중 현상을 완화하고 지역 균형 발전을 견인하는 가장 강력한 원동력이 될 것입니다. 필자는 단순한 효율성을 넘어 싱가포르의 기술적 정교함, 헬싱키의 인간 중심 가치, 보스턴의 포용성, 런던의 탁월한 성과를 부산이라는 용광로에 녹여내어 대한민국의 교육 표준을 새롭게 정의하고자 합니다. 이제 부산은 교육 때문에 떠나는 도시에서 교육을 위해 찾아오는 도시로 거듭날 것입니다. 또한 이 구상은 단순히 부산의 모델을 넘어 대한민국의 모델로 확장될 수 있을 것입니다.

   AI시대, 대한민국 청년을 다시 세우다

|6|

청년당: 청년의, 청년에 의한, 청년을 위한 정치

청년 차별적 정치 구조

오늘날 우리 청년들의 삶을 더욱 어렵게 하는 것은 그들의 발언권이 현재의 제도 정치에서 지극히 제한되어 있다는 점입니다. 그들의 집합적 목소리는 인터넷 공간에서만 쟁쟁거릴 뿐 국회에서는 거의 들리지 않습니다. 2030세대 정치인은 손꼽힐 정도밖에 안 됩니다. 2030세대의 인구 비중은 약 34%에 이르지만, 지난 22대 국회의원 선거에서 당선된 2030세대 국회의원은 전체 300석 중 4.6%인 14명에 불과합니다. 우리나라 정치의 청년 진입 장벽은 매우 높습니다. 이는 여러 가지 청년 차별적인 구조적 제도적 문화적 요인들이 중첩된 결과입니다.

첫째, 한국 정당은 오랫동안 국민의 대표를 육성하는 조직이 아니라 선거 기계로 작동해 왔습니다. 중장기적으로 정책을 개발하고 인력을 양성하는 조직이라기보다 선거 시기에만 가동되는 동원 조직에 가까웠습니다. 그러다 보니 장기적인 정치 인력 투자, 특히 청년에 대한 투자는 합리적 선택이 될 수 없었습니다. 선거는 4년 단위로 반복되고 공천은 선거 직전에 집중되며 승리가 최우선 가치가 됩니다. 당 지도부는 이미 인지도가 있고 조직을 가지고 있으며 당선 가능성이 높은 후보를 선호하게 됩니다. 청년이 이러한 강점을 가지는 경우는 극히 드뭅니다. 그 결과 정당은 청년을 미래 인재가 아니라 선거용 상징이나 청년 표심을 자극하는 장식물로 활용하게 됩니다.

반면, 독일의 정당들은 청년의 정치 진입을 선거용 인재 발굴이 아니라 정치 인력의 장기적 재생산 과정으로 인식해 왔습니다. 기독민주당의 '청년연합(Junge Union)'이나 사회민주당의 '청년사회주의자(Jusos)'는 독자적인 조직과 예산, 공식적 발언권을 가집니다. 이들은 단순한 청년 동아리가 아니라, 당 강령과 노선

　　AI시대, 대한민국 청년을 다시 세우다

에 대해 공개적으로 토론하고 때로는 지도부와 대립하는 정치 조직입니다. 이 청년 조직을 거친 인물들이 지방의회, 주의회, 연방의회로 단계적으로 진입하는 경로가 제도화되어 있습니다. 청년정치인은 갑자기 공천받는 예외가 아니라, 예측 가능한 성장 경로를 밟는 존재입니다.

둘째, 한국 정당의 가장 큰 특징의 하나는 공천권이 극단적으로 중앙집중화되어 있다는 것입니다. 지역 당원이나 하부 조직의 자율성은 약하고, 공천은 지도부와 공천위원회가 사실상 독점하며, 공천 기준은 공식화되어 있지 않거나 공식화되어 있다 해도 지도부의 자의에 휘둘립니다. 따라서 청년이 정치에 진입할 때는 실력보다 연줄이 중요해집니다. 누가 지도부에 가까운가, 누가 당내 권력자와 연줄이 형성되어 있는가가 관건이 됩니다. 청년이 이 네트워크에 들어가기에는 시간도 자원도 많지 않습니다. 결국 한국 정당에서 정치 진입은 개방 경쟁이 아니라 사실상 내부 선발에 가깝습니다.

미국의 정당들도 한국처럼 조직 정당의 성격이 약하지만, 그 대신 개방형 예비선거와 시민 기반 정치가 청년 진입의 통로로 기능합니다. 청년 정치인은 당내 승인보다는 유권자와의 직접적 연결을 통해 성장할 수 있으며, 시민단체, 선거 캠페인, 정책

싱크탱크 등이 정치 진입의 발판이 됩니다. 청년이 반드시 정당 지도부의 허락을 받아야만 정치에 들어올 수 있는 구조는 아닙니다.

셋째, 지역구 정치가 독과점 시장처럼 굳어 있습니다. 한국의 지역구 정치에서는 한 번 공천을 받은 인물이 사실상 그 지역을 장기간 독점하는 경향이 강합니다. 현역 프리미엄이 크고, 당은 안정적 승리를 선호합니다. 이런 상황에서는 새로운 인물, 특히 청년에게 기회가 거의 돌아가지 않습니다. 청년은 출마하려면 대개 어떤 기성 정치인을 '차 내고' 들어가야 합니다. 이는 청년을 자연스럽게 위협적 존재로 만들고, 내부 저항을 초래합니다.

반면 독일이나 북유럽 국가들에서는 비례대표와 다층적 후보 풀이 청년 진입의 완충 장치 역할을 합니다. 영국의 노동당과 보수당 역시 청년을 후보자 풀의 일부로 제도적으로 관리합니다. 노동당의 경우, 청년 조직과 노동조합, 지역당 조직이 긴밀히 연결되어 있으며, 후보자 교육 프로그램을 통해 의회정치에 필요한 실무 역량을 체계적으로 훈련시킵니다.

넷째, 정치 활동의 비용 구조가 청년에게 압도적으로 불리합니다. 우리나라에서 정치는 여전히 비공식적 비용이 높은 활동입니다. 장기간 무급으로 당 활동을 해야 하거나, 지역 행사나 경조사에 돈을 내거나, 선거 준비에 많은 자금을 들여야 합니다. 중장년층이 절대적으로 유리할 수밖에 없습니다. 청년에게 정치 참여는 합리적 경력 선택이 아니라 인생을 건 고위험 투자에 가깝습니다. 정당이 청년에게 급여, 교육, 경력 경로를 제공하지 않는 한, 극소수의 특권적 청년만이 살아남게 됩니다.

반면 스웨덴, 덴마크, 핀란드 같은 북유럽 국가의 정당들은 청년정치 교육을 시민 교육의 연장선으로 이해합니다. 청년정당은 정책 토론, 입법 실습, 지방 정치 참여를 통해 실제 정치 기술을 습득하는 공간으로 기능하며, 이 과정은 국가 보조금과 정당 예산을 통해 안정적으로 지원됩니다. 청년이 정치에 참여하는 것은 모험이 아니라, 하나의 합리적인 경력 선택이 됩니다.

다섯째, 청년 조직이 독립된 정치 주체가 아니라 하위 동원 조직에 머물러 있습니다. 우리나라 정당에도 청년위원회, 청년본부, 청년대변인 제도 등이 존재해 왔습니다. 그러나 이들 조직은 대체로 아무 힘이 없는 장식용 기구에 가까웠습니다. 정책 결정권이나 공천권도 없고, 지도부가 교체될 때 쉽게 무력화되었습니다. 청년 조직은 정치적 권한이 있는 훈련용 공간이 아니라, 메시지 전달과 이미지 개선을 위한 부속 기구에 불과했습니다.

이런 구조에서 청년은 스스로 의제를 설정하고, 당과 협상하며, 집단으로 성장할 수 없습니다.

여섯째, 우리나라 정치 문화는 여전히 나이 위계가 강합니다. 청년은 아직 미숙하다는 인식이 뿌리 깊게 박혀 있습니다. 청년이 나서면 구상유취라는 말이 바로 나옵니다. 의사결정은 연장자 중심으로 이루어집니다. 이러한 늙은 정치 문화는 공천·인사·평가 제도와 결합해 청년을 체계적으로 주변화합니다. 청년은 항상 다음 차례에 머물고, 그 다음 차례는 좀처럼 오지 않습니다.

반면, 영국, 독일, 북유럽 국가들의 경우 청년은 공천 과정에서 나이가 어리다는 이유로 배제되는 것이 아니라 후보자 자격을 갖춘 하나의 집단으로 평가됩니다. 나이는 불리한 요소가 아니라, 오히려 정치적 다양성의 일부로 인식됩니다.

외국의 정당에서 청년은 '경쟁하고 성장하는 집단'인 반면, 한국 정당에서 청년은 '선별되고 소모되는 개인'에 가깝습니다. 독일과 북유럽의 정당은 청년 정치인을 장기적으로 육성하기 위한 조직·교육·공천의 연결 구조를 갖추고 있으며, 영국과 미국 역시 방식은 다르지만 청년이 정치에 진입할 수 있는 여러 경로를 확보하고 있습니다. 반면 한국 정당은 공천권의 중앙집중, 현역 중심 구조, 권한 없는 청년 조직이라는 삼중 구조 속에서 청년을 주변화해 왔습니다. 이제 기존의 청년정치를 완전히 철폐하고 새로운 청년정치 모델을 구축해 '청년의, 청년에 의한, 청년을 위한 정치'를 할 때가 되었습니다.

청년당의 설립

지금까지 청년정치는 크게 두 가지 방식으로 이루어져 왔습니다. 하나는 청년을 위한 정책을 늘리는 방식이고, 다른 하나는 청년 후보를 일정 비율 공천하는 방식입니다. 그러나 전자는 결정권을 기성 정치에 그대로 남겨둔 채 정책의 양과 형식을 조정하는 데 그쳤고, 후자는 외형적 대표성은 확보했지만 청년이 정치의 방향을 바꾸는 구조적 힘을 갖게 하지는 못했습니다. 청년은 포함되었지만 협의 대상은 아니었습니다.

중요한 것은 청년 정책을 확대하거나 청년 정치인의 숫자를 조금 더 늘리는 것이 아니라, 청년이 정치 주체로 조직되는 것, 청년의 체계적인 정치 세력화입니다. 이를 위한 하나의 제안이 바로 기성 정당 내부에 독자적인 청년당을 제도화하는 것, 당

<표 7> 각국 청년 조직의 위상

구분	한국 정당	독일 정당	영국 정당	미국 정당
정당의 기본 성격	선거 중심 정당, 선거 시 동원 기계	인력 재생산 중심의 상설 조직 정당	후보자 풀 중심의 경쟁 정당	느슨한 정당+ 시민 캠페인 중심
청년 조직의 성격	하위 동원 조직, 상직적 기구	준자치 조직, 당내 공식 정치 주체	공식 조직+ 후보자 양성 경로	정당 외곽 캠페인 중심
청년 조직의 권한	예산·인사·정책 권한 거의 없음	독자 예산· 의사결정·지도부 비판 가능	정책 토론·후보 추천에 영향력	공식 권한은 약하나 진입 경로 다원
정치 교육 시스템	일회성 캠프· 행사 중심	상설 교육, 이념·정책·실무 훈련	후보자 아카데미·캠페인 실습	캠페인·싱크탱크 중심 실전 학습
공직 진입 경로	불규칙·비제도화	지방 → 주 → 연방 단계화	후보자 풀 → 지역 경쟁	예비선거·시민지지 직접 확보
공천 구조	중앙집중적, 지도부 재량이 큼	당내 민주적 절차 +단계 경쟁	비교적 개방적, 후보자 경쟁	개방형 예비 선거
현역 프리미엄	매우 강함	제한적	제한적	상대적으로 약함
청년정치의 위험도	매우 높음 (무급·불확실)	낮음 (경로 예측 가능)	중간	중간~높음
청년의 정치적 성격	'아직 준비 안 된 존재'	'육성해야 할 미래 인력'	'경쟁 가능한 후보자'	'시민 활동가·후보자'
청년정치 실패 시 책임	개인에게 귀속	제도적 재도전	재도전 기회 존재	개인 책임 강함
세대 재생산 구조	거의 없음	강하게 존재	부분적 존재	비공식적 존재

내부의 당(party within a party)을 만드는 것입니다.

여기서 말하는 청년당은 기존 정당의 청년 위원회나 청년 특별 기구와는 질적으로 다릅니다. 그것은 독자적인 조직과 예산, 운영권을 가지고, 자체적인 정치 교육과 후보 추천 권한을 행사하는 준자치적 정치 조직입니다. 청년당은 기성 정당의 하위 부서가 아니라, 정당 내부에 존재하는 또 하나의 정치 주체이며, 당 전체와는 협력과 긴장의 관계 속에서 병렬적으로 존재합니다.

위에서 언급했듯이 독일, 영국, 북유럽 국가들에서는 기성 정당 내 독자적 청년당 구상과 유사한 청년 조직 모델이 이미 제도화되어 있습니다. 독일 사민당의 '청년사회주의자'는 전국적 조직망과 독립적인 운영 구조를 가지며, 이념 교육, 정책 훈련, 정치 기술을 체계적으로 결합한 자체 교육 프로그램을 운영합니다. 이 조직에서의 활동은 단순한 당원 경험이 아니라, 지역의회, 주의회, 연방의회로 이어지는 정치 경력의 출발점으로 기능합니다. 기민당의 '청년연합'은 청년들에게 보다 실용적이고 행정 중심적인 교육을 제공합니다. 법과 경제, 지방자치 운영, 이해관계 조정과 협상 같은 정치의 실무가 집중적으로 훈련됩니다. 독일 정당들에서 청년은 아직 준비되지 않은 존재가 아니라, 조기에 선발해 장기적으로 투자해야 할 정치 자원입니다.

영국 노동당은 청년 당원 중 일부를 선발해 정치학교 형태의 집중 교육을 실시하고, 이들을 정책 연구팀, 의원실, 지방정부 실무에 순환 배치합니다. 이들은 후보자 풀로 관리됩니다. 영국 보수당 역시 청년 정치인을 조기에 지방의회로 진출시키고, 실제 당선 가능성이 있는 지역에서 출마할 수 있도록 지원합니다. 캠페인 전략과 후원 네트워크까지 패키지로 제공함으로써, 청년 정치인이 정치 생존의 초기 단계에서 소진되지 않도록 설계되어 있습니다.

이러한 해외 사례들이 공통적으로 보여주는 것은 명확합니다. 청년정치의 성패는 청년의 열정이나 도덕성에 달려 있지 않습니다. 그것은 정치를 배울 수 있는 제도, 성장할 수 있는 조직, 권력으로 연결되는 경로가 존재하는가에 달려 있습니다. 반면 한국 정당의 청년정치 육성은 구조적으로 이 세 요소를 모두 결여해 왔습니다. 청년정치 교육은 대체로 선거철에만 열리는 일회성 행사에 머물렀고, 실제 정치 기술을 축적할 수 있는 상설 훈련 체계는 부족했습니다.

더 큰 문제는 교육 이후의 경로가 거의 존재하지 않았다는 점입니다. 청년 조직에서의 활동은 당내 권력 구조와 연결되지 않았고, 공천은 여전히 기성 정치인의 영역으로 남아 있었습니다. 청년 공천 할당 역시 상징적 대표성에 머무는 경우가 많았습니다. 청년 후보가 등장하더라도, 당선 가능성이 낮은 지역이나 불리한 순번에 배치되는 일이 반복되었습니다. 그 결과 청년정치는 구조적으로 재생산되지 못했고, 개별적인 성공 사례만 산발적으로 남긴 채 사라지고 말았습니다.

이러한 실패의 근본 원인은 분명합니다. 한국 정치에는 청년을 하나의 집단적 정치 주체, 다시 말해 협상과 권력 분점의 대상이 되는 세력으로 인정하는 제도가 존재하지 않았기 때문입니다. 청년당은 바로 이 지점을 전환하기 위한 제도적 장치입니다. 청년당은 청년에게 발언권을 주는 조직에 머무르지 않고, 선택권과 결정권을 부여하는 정치 구조입니다. 청년당이 독자적인 조직과 예산을 갖는다는 것은, 청년정치가 더 이상 기성 정치의 재량에 의존하지 않는다는 뜻입니다. 청년당이 자체적인 정치 교육을 운영한다는 것은, 청년이 정치적 전문성을 체계적으로 축적할 수 있다는 뜻입니다. 그리고 청년당이 일정 비율의 공천권을 행사한다는 것은, 청년정치가 상징이 아니라 실제 권력의 일부가 된다는 뜻입니다.

이러한 설계는 기성 정치의 권한을 약화하기 위한 장치가 아닙니다. 오히려 이는 정당이 스스로의 미래를 제도적으로 준비하는 방식입니다. 정치가 특정 세대에 고착될 때, 정당은 늙고 경직되게 됩니다. 청년당은 세대 갈등을 증폭시키는 장치가 아니라, 세대 간 권력 이양을 정당 내부에서 관리 가능한 형태로 제도화하는 장치입니다. '청년의, 청년에 의한, 청년을 위한 정치'는 청년만을 위한 정치를 의미하지 않습니다.

그것은 미래의 이해관계를 현재의 정치에 실질적으로 반영하려는 민주주의의 자기 갱신 과정입니다. 청년세대가 정치의 중심으로 이동하지 못한 사회는 결국 미래를 설계할 능력을 잃습니다. 정치가 과거의 이해를 관리하는 기술로만 남을 때, 민주주의는 점점 더 단기적 분배 갈등에 갇히고, 사회는 장기 전략을 상실합니다. 청년정치의 강화는 특정 세대를 위한 특혜가 아니라, 민주주의가 스스로의 시간적 균형을 회복하는 과정입니다. 청년이 스스로를 대표할 수 있을 때, 정치는 단기적 인기 경쟁을 넘어 장기적 사회 설계로 나아갈 수 있습니다.

청년정치의 핵심 과제는 청년을 보호하는 것이 아니라, 청년이 권력을 행사할 수 있도록 만드는 것입니다. 청년당이라는 제도적 상상은 바로 이 지점에서 출발합니다. 그것은 참여를 넘어 대표성으로, 상징을 넘어 구조로 나아가기 위한 정치적 선택이

며, 한국 민주주의가 미래를 회복하기 위해 반드시 거쳐야 할 하
나의 단계입니다.

청년의, 청년에 의한, 청년을 위한 대한민국

과학기술의 발전은 인간의 삶을 바꾸고 나아가 세계 질서와 인류 문명까지 바꿉니다. 18세기 증기기관의 발명은 현대 자본주의를 가능하게 했습니다. 19세기 말에 이루어진 전기공학의 급속한 발전은 인간의 삶을 다시 크게 변화시켰습니다. 이것은 내연기관의 발명과 더불어 자동차와 비행기의 개발로 이어졌습니다. 20세기의 양차 세계대전은 무기 개발을 위한 철강 제련 기술의 발전과 새로운 소재의 개발을 촉진했습니다. 핵 개발도 있었습니다. 증기기관의 발명만큼 인류 문명에 큰 영향을 준 것이 20세기 후반의 ICT혁명입니다. ICT혁명은 머지않아 4차산업혁명으로 이어졌고 마침내 AI혁명을 낳았습니다. AI혁명은 문자 그대로 혁명적입니다. 그 충격은 증기기관 이상일 것으로 전망됩니다. AI는 인간의 성찰 능력, 더 정확히 말하면 메타인지적 능력을 갖추고 있기 때문입니다. 이것은 완전히 차원이 다른 기술이며, 따라서 인간의 삶은 AI혁명의 심화에 따라 심대한 변화를 겪을 전망입니다.

문제는 우리가 이 변화에 잘 대응할 준비가 되어 있는가 하는 것입니다. 대한민국 건국의 시점으로 돌아가 생각해 보면 지금까지는 우리가 이보다 더 잘할 수는 없었습니다. 전쟁과 기아에 허덕이던 나라가 세계 10위권의 선진국이 되었습니다. 국민의 성실함, 세계사의 조류와 상응하는 국가 발전 전략의 선택, 지속적인 산업 혁신, 높은 교육열 등 우리나라는 지속적 성장에 필요한 거의 모든 조건을 충족시키며 경제발전의 교과서 국가가 되었습니다. 하지만 지난 80년간 우리가 서구 선진국의 경로를 따라 만들어 놓은 나라는 산업국가 패러다임의 정점에 있는 나라입니다. 그리고 우리나라는 지난 80년의 성공이 만들어낸 다양한 타성과 기득권의 구조로 서서히 노쇠해 가고 있습니다. AI혁명이 도전하고 있는 것이 바로 산업사회 패러다임 국가이자 관성에 사로잡힌 노쇠 국가입니다.

정치의 가장 기본적인 정의는 공동체를 좋은 삶의 방향으로 이끌어가기 위한 활동이라는 것입니다. 기존의 삶의 방식이 변화의 압력 아래 위기에 처할 때 새로운 좋은 삶의 방식을 찾는 것이 정치의 임무입니다. AI혁명에 따라 문명적 차원의 위기가 찾아오고 있고 저성장과 저출생의 내부 위기에 처해 있는 시점에서 우리 정치의 임무는 그 어느 때보다 무겁습니다. 하지만 우리 국민 중 정치가 지금 대한민국의 문제를 해결해 주리라고 생각하는 사람은 거의 없을 것입니다. 오히려 정치 자체가 대한민국 최대의 문제라고 생각하는 사람이 다수일 것입니다.

보수와 진보 사이에는 같은 하늘을 이고 살 수는 없다는 식의 극한 정쟁이 반복되고 있습니다. 정치의 시계는 100년 앞을 보아도 시원치 않을 판에 100년 전을 되돌아보기 일쑤입니다. 자유·민주·공화의 헌법 가치를 지켜야 할 보수의 대통령이 야당의 국정 방해를 빌미로 위헌적 계엄령을 선포했는가 하면, 새로 집권한 진보 정권은 계엄령을 핑계로 법의 지배가 아닌 법에 의한 지배를 자행하고 민주주의의 보루인 사법부의 독립성을 짓밟고 있습니다. 민주주의의 기본조차 지키지 못하는 정치 세력들에게서 국리민복의 정치를 바라기는 어렵습니다. 하물며 과거가 아니라 미래를 바라보는 정치는 연목구어처럼 느껴집니다.

자기 갱신의 능력을 잃은 낡은 정치를 깨뜨리고 새로운 정치로 새로운 미래를 여는 것은 결국 청년들의 몫일 수밖에 없습니다. 기성 정치가 국가와 국민에 대한 최소한의 책임을 다하고자 한다면, 청년정치의 육성과 활성화를 위한 제도적 장치를 마련해야 합니다. 그것이 기성 정당 내부에 독자적 청년당을 만들어 젊은 정치 인재들이 지속적으로 정치권에 유입되고 정치의 자동적인 자기 갱신이 가능해지도록 하는 것입니다. 그럼으로써 우리 대한민국은 과거와 현재, 기성세대와 청년세대 사이의 생산적 파트너십에 기초한 정치공동체가 될 수 있습니다. 또한 근원적으로 젊은 가치인 자유·민주·공화를 계속 젊은 상태로 유지할 수 있습니다. 청년정치는 국가 혁신의 첫걸음입니다.

이 조그만 책자는 2026년 대한민국에서 살고 있는 청년들에게 정치에 적극적으로 참여하라는 초대장입니다. 지금의 청년들은 기성세대가 만들어 놓은 과거 사회와 과학기술이 요구하는 미래 사회 사이의 격차로부터 가장 큰 고통을 받고 있는 사람들입니다. 회귀, 빙의, 환생의 드라마가 청년들을 위로할 수는 있어도 청년들의 삶을 바꿀 수는 없습니다. 현실을 바꾸는 일에 직접 나서야 합니다. 저는 정치에 입문한 이래 늘 젊고 개혁적인 정치를 지향해 왔습니다. 지금도 그 생각에는 변함이 없습니다.

청년들과 함께 청년정치의 새 길을 여는 데 조금이라도 도움이
되고 싶습니다.

AI시대, 대한민국 청년을 다시 세우다

초판 1쇄 인쇄일 2026년 3월 31일
초판 1쇄 발행일 2026년 4월 10일

지은이 박형준
발행인 조윤성

발행처 ㈜SIGONGSA **주소** 서울시 성동구 광나루로 172 린하우스 4층(우편번호 04791)
대표전화 02-3486-6877 **팩스(주문)** 02-598-4245
홈페이지 www.sigongsa.com / www.sigongjunior.com

ISBN 979-11-7125-924-3 03340

WEPUB 원스톱 출판 투고 플랫폼 '위펍' __wepub.kr
위펍은 다양한 콘텐츠 발굴과 확장의 기회를 높여주는
SIGONGSA의 출판IP 투고·매칭 플랫폼입니다.